MERIAN *momente*

FLORENZ

CHRISTIANE BÜLD CAMPETTI

Zeichenerklärung	Preisklassen

 barrierefreie Unterkünfte
 familienfreundlich
 Der ideale Zeitpunkt
 Neu entdeckt
    Faltkarte

Preise für ein Doppelzimmer mit Frühstück:

€€€€ ab 300 €   €€€ bis 300 €
€€ bis 150 €   € bis 100 €

Preise für ein dreigängiges Menü:

€€€€ ab 90 €   €€€ ab 50 €
€€ ab 35 €   € bis 35 €

FLORENZ ENTDECKEN 4

Mein Florenz 6
MERIAN TopTen 10
MERIAN Momente 12
Neu entdeckt 16

FLORENZ ERLEBEN 20

Übernachten 22
Essen und Trinken 26
Grüner reisen 32
Einkaufen 36
Kultur und Unterhaltung 40
Feste feiern 44
Mit allen Sinnen 48

FLORENZ ERKUNDEN　　　　　　　　　　　　　　　　　52

Einheimische empfehlen 54
Stadtteile
Quartiere San Giovanni 56
Im Fokus – Florentinisches Kunsthandwerk 66
Quartiere Santa Croce 70
Quartiere Santa Maria Novella 80
Quartiere Santo Spirito 90
Im Fokus – Florentiner Persönlichkeiten 100
Nicht zu vergessen 104
Museen und Galerien 110
Im Fokus – Florentiner Mosaik – Malerei in Stein 118
Spaziergang: Auf den Spuren der Restauration – Quer durch die Altstadt 122

DAS UMLAND ERKUNDEN　　　　　　　　　　　　　130

Ausflug nach Fiesole 132
Die Medici-Villen 134

FLORENZ ERFASSEN　　　　　　　　　　　　　　　　136

Auf einen Blick 138
Geschichte 140
Kulinarisches Lexikon 146
Service 148
Orts- und Sachregister 154
Impressum 159
Florenz gestern & heute 160

KARTEN UND PLÄNE

Toskana .... Klappe vorne	Quartiere Santa Maria Novella 83
Verkehrslinienplan ...... Klappe hinten	Quartiere Santo Spirito 92/93
Quartiere San Giovanni 59	Fiesole 133
Quartiere Santa Croce 72/73	Medici-Villen 135

Ein Geniestreich: Brunelleschis prächtige Domkuppel (▶ MERIAN TopTen, S. 59).

FLORENZ ENTDECKEN

MEIN FLORENZ

Gesamtkunstwerk, Rummelplatz für Tagestouristen, Inbegriff für Renaissancekultur, Wiege des Humanismus und Kapitale der Kreativität: Florenz kennt viele Lesarten, und alle treffen sie zu.

Bei seinem Florenzbesuch im Jahr 1822 vermerkte der Philosoph Arthur Schopenhauer: »Mit Italien lebt man wie mit einer Geliebten, heute im heftigen Zank, morgen in Anbetung.« Das stimmt. Florenz macht einem das Leben nicht leicht, dafür schön. Denn obwohl die Kunststadt jährlich Millionen Besucher beherbergt, ist sie keinesfalls gastfreundlich. Vielmehr ähnelt sie ihren mächtigen Stadtpalästen: Festungen aus abweisendem Bossenwerk, mit wenigen, vergitterten Fenstern und riesigen, stets verschlossenen Holzportalen. Dementsprechend sind auch ihre Bewohner: selbstbewusst und distanziert, arrogant und sarkastisch. Eine Anekdote über den Medici-Fürsten Cosimo bringt dies wunderbar auf den Punkt. Als er im Sterben lag, fragte ihn seine Frau, warum er ständig die

◄ Am Aussichtspunkt Piazzale Michelangelo
liegt dem Besucher die Arnostadt zu Füßen.

Augen geschlossen halte. Seine Antwort: »Ich übe schon mal.« Nach einem Vierteljahrhundert Zusammenleben hält mich Florenz noch immer auf Distanz und erschwert mir den Zugang zu seiner Seele. Mich tröstet, dass es selbst Michelangelo so ergangen ist, »forestiero« (ein Fremder) auch er, da nicht innerhalb des mittelalterlichen Mauerrings geboren.

STELLDICHEIN MIT DER EUROPÄISCHEN KULTURGESCHICHTE

Florenz will eben erobert sein. Wem es gelingt, seinen Schutzwall zu überwinden und einen Blick in sein Innerstes zu werfen sowie durch die Räume seiner Geschichte zu wandeln, kommt aus dem Staunen nicht hinaus. Zweifellos gehört es zu den Wundern der Menschheitsgeschichte, dass in dieser kleinen, mittelitalienischen Stadtrepublik vor fast einem Jahrtausend die Neuzeit ihren Anfang nahm, sie mit ihren Innovationen das düstere Abendland zum Leuchten brachte. Fast 500 Jahre lang stand Florenz in Politik, Wirtschaft und Kultur an der Spitze. Während anderswo noch finsterstes Mittelalter herrschte, wehrten sich die Bewohner von Florenz bereits erfolgreich gegen die Macht des Adels, begann die bürgerliche Gesellschaft in kleinen, auf Moral und Vernunft begründeten Zirkeln der Humanisten, gab es den ersten Arbeiteraufstand der europäischen Geschichte und verstanden selbst die Regenten die Notwendigkeit von ziviler Partizipation.

Grundlage und gleichzeitig Motor dieses Aufbruchs war die wirtschaftliche Prosperität. Florentiner erfanden die Manufaktur, ersannen die Technologie des Geldes und versorgten die gesamte bekannte Welt mit ihren Handwerksprodukten, wertvollen Stoffen, Leder und ziseliertem Silber. Bereits um 1300 war Florenz die reichste Stadt Europas, was zu einer weiteren Revolution führte: zur Geburt einer neuen Kultur aus dem Geist der Antike, der Renaissance. Die Stadt am Arno wurde formschaffend, stilbildend in Architektur, Bildhauerei und Malerei. Niemals seit dem antiken Athen gab es eine derartige Fülle genialer Geister auf so begrenztem Raum. Während der Florentiner Dante seine »Göttliche Komödie« statt auf Latein in der Volkssprache verfasste und damit die italienische Hochsprache begründete, meißelte Donatello in der Dombauhütte erstmals menschliche Geschicke in den Stein, ersetzte Giotto in der Santa-Croce-Kirche den byzantinischen Formenkodex zugunsten von Menschennähe, verband der Baumeister Brunelleschi in seiner San-Lorenzo-Kirche und der Pazzi-Kapelle Raffinesse mit Einfachheit, wurde Masaccio aufgrund der Raumwirkungen seiner Fresken in der Brancacci-Kapelle zum Vorbild einer ganzen Ära und revolutionierten die jungen Wilden Pontormo und Rosso Fiorentino mit kühnen Farben und grotesken Körperformen erneut die Malerei.

Viele waren in allen Künsten zu Hause und strebten jenen Allroundmenschen an, der in Leonardo da Vinci und Michelangelo Buonarroti unvergleichlich Gestalt wurde. Als sie Florenz verließen, verlagerte sich der kulturelle Schwerpunkt nach Rom.

FLORENZ ERWACHT

Wer nach Florenz reist, sucht diese Vergangenheit, und davon lebt die Stadt nicht schlecht. Allerdings hat es auch ihren Blick nach vorn getrübt. Anstelle von Kreativität regierte über lange Zeit die Krämerseele. Es brauchte schon einen Bürgermeister vom Schlage eines Matteo Renzi, um eine Bresche in diese Mauer aus Ehrfurcht und Profitdenken zu schlagen, die Stadt und Bewohner passiv gemacht hat. Mit einem an Selbstüberschätzung grenzenden Selbstbewusstsein, gepaart mit macchiavellischer List, hat er Florenz auf Zukunft gepolt. Heute haben die Einheimischen sich die Plätze ihrer Stadt zurückerobert, wohnt endlich die Gegenwart wieder in dem alten Gemäuer, lassen junge Leute ihrer Kreativität freien Lauf und wird in Kultur investiert, wie das nagelneue Opernhaus und das Museum des 20. Jahrhunderts zeigen.

FLORENZ IM WINTER

Kommen Sie im Winter. Egal, ob sich die Stadt der Sonne entgegenreckt, nachdem der kalte Nordwind Tramontana die Wolken vertrieben hat, oder ob sich in den Gassen die Luftfeuchtigkeit zu warmem Sprühregen verdichtet, dann können Sie erleben, was in der Renaissancestadt rar geworden ist: Normalität gepaart mit italienischer Gelassenheit. Zwischen November und März schlendere auch ich mit Vergnügen durchs Zentrum, wo alles mathematische, in Architektur verwandelte Schönheit ist, und überlasse mich dem Augenblick. Ich stecke meine Nase in jeden Hauseingang, bewundere hier den romantischen Brunnen, dort den stillen Klosterinnenhof oder stöbere in den Lädchen, an denen ich sonst vorübereile. Selbst ein Bummel über die florentinischen Modemeilen rund um die Piazza Repubblica ist ein Genuss. Wo es sonst im Zickzackkurs durch das Getümmel geht, halte ich mich in aller Ruhe vor den Auslagen der Luxustempel modisch auf dem Laufenden.

Auch die Florentiner, die sich ansonsten tief in das Innere ihrer Häuser zurückziehen oder vor dem Besucherandrang ans Meer fliehen, nehmen in diesen Monaten erneut Besitz von ihrer Stadt. Ich treffe sie morgens bei einem Espresso in der Bar, in den Mittagsstunden auf den Bänken in den Parks, am Abend zum Aperitif vor einem In-Lokal und sie sind, wohin mich meine Streifzüge auch führen, in Plauderlaune. Auf dem Wochenmarkt Sant'Ambrogio bekomme ich neben sämtlichen Zutaten für die lokale Küche ein nettes Gespräch gratis dazu. In meiner Lieblingsbar versorgt mich der Mann hinter der Theke mit neuen Adressen des echten Florenz, die Bar an der Piazza Tasso oder die kleine Lederwerkstatt, wo es die hippsten Taschen gibt. Und die Kunsthandwerker, die mit ihrem ausgeprägten Schönheitssinn und ihrer großen Geschicklichkeit nach wie vor die Seele der Stadt sind, freuen sich dann über jeden Besuch.

Der Winter in Florenz stimuliert auch meinen Hunger auf Kunst. Wenn es regnet oder ein kühler Wind durch die Gassen pfeift, krame ich meine Muss-Liste der Museen hervor. Sie beginnt mit dem Archäologischen Museum und der herrlich altmodischen Sammlung etruskischer Kunst und endet bei dem für Wissenschaftsgeschichte mit Objekten aus sechs Jahrhunderten Forschung. Nur in dieser Jahreszeit komme ich auf die Idee, es ohne Reservierung bei den Uffizien zu versuchen. Steht keine Menschenschlange vor dem Eingang, wächst meine Chance, Botticellis »Schaumgeborene Venus« oder Leonardo da Vincis »Anbetung der Könige aus dem Morgenland« alleine zu genießen. Unverzichtbar ist dort auch der Blick vom Mittelkorridor auf die andere Arnoseite, »Oltrarno«, mit der mittelalterlichen Skyline und der Marmorfassade von San Miniato. An klaren Tagen nehme ich den Treppenweg, der an der Porta San Miniato beginnt, hinauf, und werde mit einem unvergleichlichen Blick auf das rote Dächermeer samt Dom belohnt. Wenn dann zur blauen Stunde das Licht langsam verblasst, während unten die Straßenlaternen angehen, verstehe ich, warum der französische Schriftsteller Anatole France meinte, Gott müsse ein Florentiner gewesen sein.

DIE AUTORIN

Der zweite Teil von Schopenhauers Zitat lautet: Mit Deutschland lebt man wie mit einer Hausfrau, ohne großen Zorn und ohne große Liebe. Für **Christiane Büld Campetti** gibt es keine bessere Erklärung dafür, warum Florenz ihr zweiter Wohnsitz geworden ist. Sie findet die Stadt ungemein stimulierend und berichtet gerne von dort über Land und Leute, vorwiegend für den BR.

MERIAN TopTen

Diese Höhepunkte sollten Sie sich bei Ihrem Besuch auf keinen Fall entgehen lassen: Ob Brunelleschis herrliche Domkuppel, das Bargello-Museum oder die Kirche Santa Croce – MERIAN präsentiert Ihnen hier die wichtigsten Sehenswürdigkeiten von Florenz.

1 Basilika San Lorenzo
Zwei Genies, Filippo Brunelleschi und Michelangelo Buonarroti, haben die älteste Kathedrale von Florenz zum Kunstwerk gemacht (▶ S. 57, 58, 129).

2 Brunelleschis Domkuppel
Wie hat das nur ohne Hilfsgerüst geklappt, dass die gigantische Kuppel nicht schon beim Bau wie ein Kartenhaus eingestürzt ist (▶ S. 4/5, 60, 123)?

3 Kloster San Marco
Hier wird man von einem der schönsten Graffiti des Spätmittelalters begrüßt: der Verkündigung von Malermönch Fra Angelico (▶ S. 57, 62, 129).

4 Kirche und Kloster Santa Croce
Mit ihrem Kunstreichtum hat die riesige Franziskanerkirche so manchen Besucher an den Rand der Erschöpfung gebracht (▶ S. 70, 73).

5 Piazza della Signoria mit Palazzo Vecchio
Vor und hinter den Mauern des Florentiner Rathauses wurde europäische Geschichte geschrieben (▶ S. 71, 76).

6 Basilika Santa Maria Novella
Dieses Meisterwerk der florentinischen Frühgotik zeigt den Alltag im Mittelalter und in der Renaissance in farbenfrohen Bildern (▶ S. 80, 81).

⭐ Palazzo Pitti
Von außen trutziges Machtsymbol, lässt sich im Inneren des Palastes der Prunk bestaunen, mit dem sich eine Florentiner Fürstenfamilie während der Renaissance umgab (▶ S. 55, 68, 95, 116).

⭐ Basilika San Miniato al Monte
Das höchstgelegene Gotteshaus mit seinen unterschiedlichen Kunststilen ist nach Meinung vieler gleichzeitig auch das schönste der Stadt (▶ S. 105, 123, 124).

⭐ Galerie der Uffizien
Botticelli und Leonardo da Vinci, Raffael und Michelangelo: In diesen heilgen Hallen findet man jeden, der in der Florentiner Kunstszene Rang und Namen hatte (▶ S. 111).

⭐ Museo Nazionale del Bargello
Erst Gericht, dann Gefängnis, heute ein bedeutendes Skulpturenmuseum. Die alte Stadtburg ist eine steinerne Enzyklopädie Florentiner Geschichte (▶ S. 75, 115).

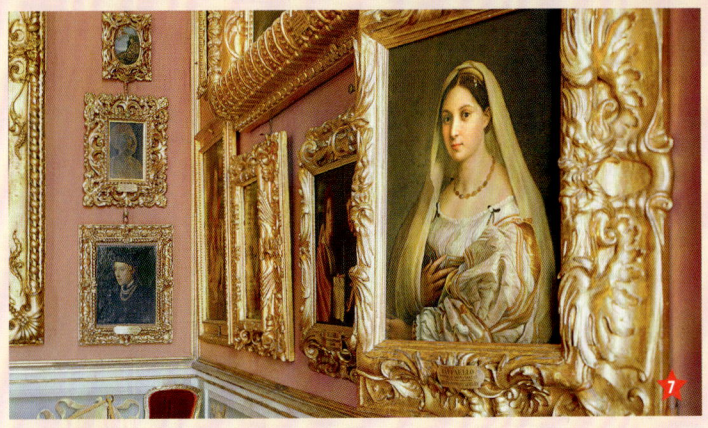

MERIAN Momente
Das kleine Glück auf Reisen

Oft sind es die kleinen Momente auf einer Reise, die am stärksten in Erinnerung bleiben – Momente, in denen Sie die leisen, feinen Seiten der Stadt kennenlernen. Hier geben wir Ihnen Tipps für kleine Auszeiten und neue Einblicke.

1 Caffetteria delle Oblate
F3

Selbstverständlich können Sie im Café des ehemaligen Frauenklosters in Ruhe einen Cappuccino trinken. Doch stört sich niemand daran, wenn Sie sich in der offenen Dachloggia einfach nur an einen Tisch setzen, um den prachtvollen Blick auf die nahe Domkuppel zu genießen. An Sommerabenden gibt es Konzerte, Vorträge und Lesungen.
San Giovanni | Via dell'Oriuolo 26 | Bus: Duomo | www.lospaziochesperavi.it | Mo 14–19, Di–Sa 9–24, So 11–18 Uhr

2 Oratorio dei Buonomini di San Martino
E3

Ein dunkles Kirchentor, daneben ein schmaler Schlitz aus Bronze. Was so unscheinbar daherkommt, ist eine der vielen wohltätigen Einrichtungen, für die Florenz sich seit dem Mittelalter einen Namen gemacht hat. In diesem Oratorium hatte beispielsweise im 15. Jh. eine barmherzige Bruderschaft eine Spendenbox für »poveri vergognosi« – die verschämten Armen – eingerichtet. So nannte man die reichen Bürger, die aus politischen Gründen in

Ungnade gefallen waren und ihr gesamtes Vermögen verloren hatten. Brauchten sie einmal Geld, etwa um der Tochter eine Aussteuer mitzugeben, zündeten die »buonomini« von San Martino neben dem Bronzeschlitz an ihrer Hauskapelle eine Kerze an. Wer wollte, konnte dann anonym eine Spende hinterlassen.
Santa Croce | Piazza San Martino | Bus: Condotta | www.buonominidi sanmartino.it | Mo–Sa 10–12, 15–17 Uhr

3 Hinterhof der Basilika Santa Croce F4

In gewisser Weise funktioniert der Durchgang von der Via San Giuseppe zum Hinterhof der Franziskanerkirche wie eine Zeitschleuse. Davor herrscht touristisches Treiben und babylonisches Stimmengewirr, dahinter wird man umhüllt von einer schon meditativ zu nennenden Stille, die höchstens von Kinderstimmen aus einer nahen Schule oder von Vogelgezwitscher unterbrochen wird. Im Übrigen befindet sich hier der Eingang zur renommierten Lederwerkstatt Scuola del Cuoio. (▶ S. 39)
Santa Croce | Via San Giuseppe 5 | Bus: Pepi | Mo–Sa 10–19 Uhr

4 Kirche und Kreuzgang Santa Maria Maddalena dei Pazzi F3

In der gesamten Altstadt stößt man häufig auf unscheinbare Holzportale, hinter denen vergessene Oasen der Stille und Schönheit liegen. Schauen Sie ruhig hinein! In dem mittelalterlichen Benediktinerinnenkloster am Borgo Pinti überrascht z. B. zunächst ein harmonischer Innenhof von Giuliano da Sangallo, und hinter der schweren Kirchentür steht man dann vor einem der eindrucksvollsten Barockmonumente von Florenz, einer bildschönen Chorkapelle aus mehrfarbigem Marmor. Im Kapitelsaal gibt es noch ein gut erhaltenes Kreuzigungsfresko des Perugino (1493–1496). Um es anzuschauen, müssen Sie allerdings zurück auf den Borgo Pinti und dann zweimal hintereinander nach rechts abbiegen. Der Zugang ist heute nur durch die Schule in der Via Colonna 9 möglich.
Santa Croce | Borgo Pinti 58 | Bus: Colonna | Kapitelsaal Di, Do 14.30–17.30 Uhr

5 Giardino del Borgo und Orti dipinti F3

Schräg gegenüber vom Florentiner Hotel Vier Jahreszeiten und dem dazuge-

hörigen Park steht das Tor zu einem weitaus kleineren Stadtpark allen offen. Dort hat im hinteren Teil zudem die »urban gardening«-Initiative Orti dipinti ihren Bereich, wo Besucher ebenfalls willkommen sind – vor allem, wenn sie kleine Artikel wie Kräutersalz oder Tee kaufen, um das kommunale Projekt zu unterstützen.
Santa Croce | Borgo Pinti 76 | Bus: Colonna | www.ortidipinti.it | Mo–Fr 9–18, Sa 10–13, So 10–13, 15–18 Uhr

Caffè Letterario Le Murate
G 4

Erst Frauenkloster, dann Männergefängnis und heute kombiniertes Alten- und Kulturzentrum. Der Open Space in der Nähe der Piazza Beccaria, wo im Sommer Filme laufen und Konzerte stattfinden, hat eine bemerkenswerte Karriere hinter sich. Nach der gelungenen Renovierung der mittelalterlichen Gemäuer – die Idee stammt von Renzo Piano – hat er sich binnen weniger Jahre zu einem inspirierenden Ort mit abwechslungsreichem Veranstaltungsprogramm und Ristobar gemausert.
Santa Croce | Piazza delle Murate | Bus: Agnolo | www.lemurate.it | Mo–Fr 9–1, Sa, So 11–1 Uhr

Innenstadtbummel
D/G 4

Das Wort »struscio« steht für mehr als für den abendlichen Bummel durch die Innenstadt. Es heißt so viel wie sich treiben lassen, hier und dort stehen zu bleiben, sich ein Eis zu kaufen, ein Glas Wein zu gönnen und Straßenkünstlern zuzuschauen. Probieren Sie es aus! Ob unter der Loggia dei Lanzi, auf der Piazza Santissima Annunziata oder in den Gassen rund um die Basilika Santo Spirito – irgendwo stoßen Sie garantiert auf ein Gratiskonzert, ein Straßenfest oder eine Vernissage.
Santo Spirito, Santa Croce

Giardino delle Rose
F 6

Den Piazzale Michelangelo, den großen Aussichtsplatz oberhalb der Stadt, kennt mittlerweile jeder Florenz-Besucher. Der kleine Terrassengarten etwas unterhalb davon war lange Zeit ein gut gehütetes Geheimnis, obwohl man auch von hier einen grandiosen Panoramablick hat. Auch heute kann es noch manchmal passieren, dass man den Garten mit den Hunderten von Rosensorten und den zwölf poetischen, gleichsam hintersinnigen Skulpturen des Belgiers Jean-Michel Folon ganz für sich alleine hat.
Santo Spirito | Viale Giuseppe Poggi 2 | Bus: Piazzale | Okt.–Feb. tgl. 9–17, März, April 9–18, Mai, Juni 9–19, Juli–Sept. 9–20 Uhr

Florenz in Sommerlaune
C 4

Ist es in der Innenstadt im Sommer drückend heiß und bringen selbst die Nächte kaum noch Abkühlung, trifft sich tutto Firenze abends in den öffentlichen Gärten und auf den Plätzen. Ein richtiger Dauerbrenner unter den Begegnungsstätten ist die Piazza Torquato Tasso. Junge Leute hier, alte dort, plaudern auf den Bänken und spielen Karten oder Schach, während die Bar Circolo Aurora an den Überresten der mittelalterlichen Stadtmauer für musikalische Untermalung und erfrischende Getränke sorgt.

Santo Spirito | Piazza Torquato Tasso | Bus: Tasso | bis 1 Uhr nachts

10 Cimitero Monumentale delle Porte Sante F5

Hoch gelegen und durchzogen von kleinen Spazierwegen, an denen die prächtigen Mausoleen, geschmückten Steingräber sowie die typisch italienischen »Totenmauern« für einfache Urnen und Särge liegen, dazwischen setzen düstere Zypressen Akzente. So wie der monumentale Friedhof hinter der San-Miniato-Kirche könnte auch eine etruskische Totenstadt ausgesehen haben. Nur wurde er erst im 19. Jh. angelegt. Verdiente Florentiner aus neuerer Zeit, wie Carlo Collodi, Vasco Pratolini und Enrico Coveri, haben hier ihre letzte Ruhestätte gefunden, mit einem letzten, einem ewigen Blick auf ihre Stadt voller Wunder.

Centro Storico | Via Monte alle Croci | Bus: Piazzale | Okt.–März Mo–Sa 8–17, April–Sept. 8–18, So 8–13 Uhr

11 Easy Living am Arnostrand F4

Was sich beim Anblick des schmutzig braunen Flusswassers niemand so recht vorstellen kann oder will: Viele Florentiner haben im Arno schwimmen gelernt. Mittlerweile heißt es längst »Baden verboten«, Sonnenbaden ist hingegen erlaubt. Im Sommer werden dann auf der Höhe der Piazza Poggi unten am linken Arnoufer Schirme und Liegestühle aufgestellt, und eine Ristobar sorgt mit DJ-Sound, Tanzperformances und Konzerten dafür, dass dort niemand so schnell daran denkt, nach Hause zu gehen.

Santo Spirito | Piazza Poggi | www.facebook.com/associazionepiazzart | tgl. 10–1.30 Uhr

NEU ENTDECKT
Darüber spricht ganz Florenz

Florenz befindet sich stetig im Wandel: Sehenswürdigkeiten werden eingeweiht, es gibt neue Museen, Galerien und Ausstellungen, Restaurants und Geschäfte eröffnen, und ganze Stadtviertel gewinnen an Attraktivität, die Stadt verändert ihr Gesicht. Hier erfahren Sie alles über die jüngsten Entwicklungen – damit Sie keinen dieser aktuell angesagten Orte verpassen.

◀ In der Soprarno Suite (▶ S. 24) residiert man zwischen ausgesuchten Kunstobjekten.

MUSEEN UND GALERIEN

Museo dell'Opera di Santa Maria del Fiore (Dommuseum) 👥 🏷 E3

Man hat für die Wiedereröffnung des Dommuseums, das sämtliche Schätze aus den drei Sakralbauten am Domplatz vereint, am 29. Oktober 2015 einen illustren Testimonial gewinnen können: Papst Franziskus. Neben einer späten Pietà von Michelangelo, der originalen Paradiespforte von Lorenzo Ghiberti und der hinreißenden Magdalena von Donatello sind nun auch die nie angebrachten Fassadenskulpturen von Arnolfo di Cambio ausgestellt.

San Giovanni | Piazza del Duomo 9 | Bus: Oriuolo | www.ilgrandemuseodelduomo.it | Mo–Sa 9–18.50, So 9–13 Uhr | Eintritt 15 € inkl. Dom, Taufkapelle und Campanile | ♿

Museo Novecento 👥 🏷 D 2/3

Das wurde aber auch Zeit! Florenz hat endlich ein kommunales Museum für die Kunst des 20. Jh. In einem restaurierten Kloster ist seit Mai 2014 ein interessanter Mix aus mehr als 300 Gemälden, Zeichnungen, Skulpturen, Videokunst, Fotografien, Designobjekten und Architekturentwürfen zu sehen, die meisten von toskanischen Künstlern oder von solchen, die in der Region gelebt haben.

Santa Maria Novella | Piazza di Santa Maria Novella 10 | Bus: Stazione Centrale | www.museonovecento.it | Sa–Mi 10–21, Do 10–14, Fr 10–23 Uhr, im Winter Mo–Mi 10–18, Do 10–14, Fr 10–21, Sa, So 10–20 Uhr | Eintritt 8,50 €, Kinder frei, erm. 4 € | ♿

Medici-Villen und Gärten

Medicifans dürfen sich freuen. Im Juni 2013 wurden in der gesamten Region zwölf Villen und zwei Parks der Florentiner Fürsten, wie die Villa La Petraia, der Boboli-Garten und das Castello

Trebbio, zum UNESCO-Weltkulturerbe erklärt. Seitdem hat man die Öffnungszeiten verlängert und organisierte Thementouren zugesagt.

www.regione.toscana.it/ville-e-giardini-medicei

ESSEN UND TRINKEN
RESTAURANTS
La Cucina del Ghianda 🏷 F3

Gut und günstig – Ein Arzt mit einer Leidenschaft fürs Kochen hatte den richtigen Riecher. Abends ist sein Lokal ein normales Restaurant mit typisch toskanischer Küche, mittags jedoch geht es wie in der Kantine zu. Man zahlt an der Kasse, holt sich das Gericht seiner Wahl an der Theke ab und sucht sich dann einen Tisch. Zum Mahl wird kostenlos Brot und Wasser gereicht.

Santa Croce | Via dell'Agnolo 85r | Bus: Salvemini | Tel. 3 86 05 34 | Mo–Sa 12–15, Do–Sa auch 20–23 Uhr | ♿ | €

Mercato Centrale Firenze
MCF 👥 🏷️ E2

Unter gusseisernem Himmel – Seit Ende 2014 gibt es in der alten Markthalle von San Lorenzo Fast Food auf Florentiner Art. Während im Erdgeschoss nach wie vor frische Lebensmittel und toskanische Delikatessen verkauft werden, bereitet man im oberen Stock lokale Spezialitäten wie den Gemüseeintopf »Ribollita« oder die Labmagen-Brötchen »Lampredotto« zu. Man holt sich die Speisen am Tresen, setzt sich an die Holztische und bestellt dazu glasweise Chiantiwein.

San Giovanni | Via dell'Ariento | Bus: San Lorenzo | www.mercatocentrale.it | tgl. 10–24 Uhr | ♿ | €

CAFÉS
Amblé 🏷️ E4

Barbara, Lorenzo und Fabrizio sind davon überzeugt, dass unser Planet endlich den Schongang einlegen muss, »Amble« in der Reitersprache. Deswe-

gen servieren sie in ihrem Café an Vintage-Möbeln, die zum Verkauf stehen, vorwiegend vegetarische Snacks aus regionalen Zutaten. Mit 15 weiteren Bars, Shops und Lokalen, wo man ähnlich denkt, haben sie sich einen eigenen Leitspruch zugelegt: Unusual Florence.

Santa Maria Novella | Piazzetta dei del Bene 7a | Bus: Ponte Vecchio | unusualflorence.blogspot.it | Di–Sa 10–22, So 12–22 Uhr

EINKAUFEN
HAUSHALTSWAREN
Bartolini 🏷️ F2

Generationen von Florentinern haben in diesem Traditionshaus ihren Haushalt ausgestattet und sind ihm auch nach dem Umzug treu geblieben.

San Giovanni | Via dei Servi 72 | Bus: Santa Maria Nuova | www.dinobartolini.it | Mo–Sa 10–19.30 Uhr

MODE
Boutique Nadine 🏷️ F4

Neben Vintage-Klamotten verkaufen zwei Absolventen der Florentiner Stilistenschule Mode ehemaliger Mitschüler. Die feinen Stoffe sind Reste renommierter Stoffhersteller in Prato, damit es nicht zu teuer wird.

Santa Croce | Via dei Benci 32r | Bus: Benci | www.boutiquenadine.it | Mo 14.30–19.30, Di–Sa 10.30–20, So 12–19 Uhr

PARFÜM
Aquaflor 🏷️ F4

Sileno Cheloni bittet die Kunden seiner Duftküche in mittelalterlichen Gewölben zunächst einmal auf die Couch. Denn bevor er ihnen nun mithilfe von 1500 Essenzen von der Iriswurzel bis zur bulgarischen Rose das passende Parfum auf den Leib mischt, will er wissen, mit wem er es zu tun hat.

Santa Croce | Via Borgo Santa Croce 6 | Bus: Benci | www.aquaflorfirenze.com | Mo–Sa 10–19 Uhr

KULTUR UND UNTERHALTUNG

Le Murate F3
Nach einer gelungenen Renovierung ist das einstige Frauenkloster heute ein spannender Kulturtreff.
Santa Croce | Piazza Madonna della Neve | Bus: Agnolo | www.lemurate.comune.fi.it | tgl. 12–24 Uhr

Nuovo Teatro dell'Opera di Firenze B2
Wer behauptet, Italien investiere nicht in Kultur, wird mit dem neuen Opernhaus eines Besseren belehrt. Es ist der Sitz des renommierten Festivals für die klassische Moderne, Maggio Musicale Fiorentino. Doch auch architektonisch ist der avantgardistische Bau mit kantigen Formen eine Attraktion, die einen bemerkenswerten Kontrast zur mittelalterlichen Altstadt und zur Renaissancekuppel der Kathedrale bildet.
Rifredi | Via Fratelli Rosselli 2 | Bus/Tram: Porta al Prato | Tel. 2 77 93 50 | www.operadifirenze.it | ♿

Ostello Tasso C4
Während im ersten Stock einer ehemaligen Schule die alten Klassenräume zu Mehrbettzimmern im trendigen Retrostil umgestaltet wurden, wird im Erdgeschoss zwischen recycelten Möbeln abends ein zeitgenössisches Musik- und Theater-Programm geboten
Santo Spirito | Via Villani 15 | Bus: Piazza Tasso | www.ostellotasso.it

Stazione Leopolda B/C2
In dem ehemaligen Verschiebebahnhof, der – abgesehen vom Eingangsbereich – nur minimal verändert wurde, zeigt die Renaissancestadt, dass sie längst in der Gegenwart angekommen ist: mit Vintage-Modemessen, Kultkonzerten und Tanzperformances.
Santa Maria Novella | Viale Fratelli Rosselli 1 | Bus: Leopolda | www.stazione-leopolda.com

🚩 Weitere Neuentdeckungen sind durch dieses Symbol gekennzeichnet.

Wer eine ganz ureigene Duftnote wünscht, kann sich bei Aquaflor (▶ S. 18) aus den unterschiedlichsten Ingredienzien sein persönliches Parfüm zusammenstellen lassen.

Crostini und andere leckere Antipasti (▶ S. 27) bilden den Auftakt eines jeden Menüs.

ÜBERNACHTEN

Betrachteten viele Hoteliers ihre Unterkünfte in der Vergangenheit oft als reine Geldmaschine, hat man heute verstanden, dass der Gast persönlich angesprochen werden möchte und daher kleine, familiär geführte Strukturen bevorzugt.

Knapp 1200 Unterkünfte mit mehr als 40 000 Betten buhlen in der Arnostadt jährlich um die Gunst von 3,6 Millionen Besuchern. Nur noch ein Drittel sind Hotels, von denen ein Großteil nach wie vor auf den gerade bei Amerikanern und Asiaten beliebten **florentinischen Stil** aus barocken Formen und plüschigem Ambiente setzt. Doch sind Strukturen mit zeitgenössischem Design, wo WLAN und Wellnessbereich zur Standardausstattung gehören, längst auf dem Vormarsch, ebenso wie kleine, feine **Boutiquehotels**, wo Individualität groß geschrieben wird.

WOHNEN ZWISCHEN FAMILIENERBSTÜCKEN

Die Zahlen verraten es: Immer mehr Besucher suchen den **persönlichen Kontakt** zu den Vermietern und entscheiden sich daher für Bed & Breakfast, ein Zimmer bei Privat oder eine Ferienwohnung. Besonders en

◄ Kräftige Farbtöne setzen im Isabella Room Mate Hotel (▶ S. 24) wohnliche Akzente.

vogue sind die historischen Residenzen in alten Patrizierpalästen. Hier kann der Gast in erlesenem Ambiente und zwischen Familienerbstücken original Florentiner Lebensstil schnuppern.

Bei einem kurzen Florenz-Trip ist ein Zimmer in der **Innenstadt** empfehlenswert. Doch haben auch die Unterkünfte jenseits der Ringstraße oder in den umliegenden Hügeln dank niedrigerer Preise und verbesserter Verkehrsanbindung an Attraktivität gewonnen.

Buchen Sie rechtzeitig, wenn Sie zwischen April und Oktober oder zwischen Weihnachten und Neujahr nach Florenz reisen wollen. Seit 2011 kassiert Florenz eine **Fremdenverkehrssteuer**, die je nach Hotelkategorie zwischen 1,50 und 5 € pro Nacht und Person variiert. Diese willkommenen Einnahmen sind der Grund, warum man darüber nachdenkt, die Regeln für Vermietungen von Privat zu lockern, die sich bisher in der legalen Grauzone befinden. Neben der Hotel-Lobby wehren sich auch die Stadtplaner. Sie befürchten, dass sich die Innenstadt, wo nur noch 40 000 Einwohner leben, dadurch noch mehr entleert.

BESONDERE EMPFEHLUNGEN

Al Giardino delle Rose 👤 F 5
Auf Rosen gebettet – Voll im Trend liegt die gelungene Kombination aus eleganten Apartments und B&B-Betrieb von Alessia Frisina und Domenico Giannetti in der Nachbarschaft des städtischen Rosengartens.
Santo Spirito | Via dell'Erta Canina 4 | Bus: David | Tel. 33 14 85 80 18 | www.algiardinodellerose.com | 4 Zimmer, 1 Apartment | €€

Hotel Annalena 👤 D 5
Nostalgischer Aufenthalt – Mittlerweile ist aus dem beliebten Künstlertreff vergangener Zeiten ein Drei-Sterne-Hotel geworden mit dem dazugehörigen Komfort. Den plüschigen Charme der individuell eingerichteten Zimmer unter hohen Decken, der Gemeinschaftsräume und der einladenden Gartenterrasse hat es jedoch beibehalten. Fragen Sie nach einem Zimmer mit Balkon.
Santo Spirito | Via Romana 34 | Bus: Porta Romana | Tel. 22 24 02 | www.annalenahotel.com | 20 Zimmer | €€

Hotel Relais La Corte di Cloris 👤 G 1
Verborgener Komfort – Nur das dezente Metallschild neben dem Eingangsportal verrät, dass sich hinter der neoklassizistischen Fassade ein Relais-Hotel mit erfreulich hohem Standard zu guten Preisen verbirgt. Durch einen Handgriff lassen sich die geräumigen Zimmer in modernisiertem Florentiner Stil in familienfreundliche Apart-

ments mit eingebauter Küchenzeile verwandeln. Mit dem Stadtbus ist man in 15 Min. im Zentrum.
Via Masaccio 234 | Bus: Pico della Mirandola | Tel. 57 12 96 | www.relaiscloris.com | 6 Zimmer, 3 Apartments | €€

Hotel Torre Guelfa 👥 E 4
Zimmer mit Aussicht – Unter hohen Holzdecken und zwischen pastellfarbenen Stilmöbeln bekommt man eine Idee davon, wie komfortabel die mächtige Familie Acciaiuoli hier einmal gelebt und wie unangreifbar sie sich auf ihrer Turmterrasse gefühlt haben muss. Steht man nach 72 Stufen selbst am Ende der Wendeltreppe, bleibt einem bei dem überwältigenden Rundblick die Spucke weg.
Santa Maria Novella | Borgo S. S. Apostoli 8 | Bus: Ponte Vecchio | Tel. 2 39 63 38 | www.hoteltorreguelfa.com | 31 Zimmer | ♿ | €€€

Palazzo Guadagni 👥 D 4
Reise in die Vergangenheit – Wo im Sommer das Leben tobt, haben Ferdinando Budini Gattai und seine Frau Laura in den beiden oberen Stockwerken eines ehrwürdigen Renaissancepalasts die behagliche Atmosphäre des frühen 20. Jh. erhalten können. Geschmackvoll verbinden die Zimmer Altes mit Neuem. Einzigartig: die halboffene Dachterrasse, wo Regisseur Franco Zeffirelli mehrere Szenen seines Films »Tee mit Mussolini« gedreht hat. Der Blick auf die Stadt ist grandios.
Santo Spirito | Piazza Santo Spirito 9 | Bus: Santo Spirito | Tel. 2 65 83 76 | www.palazzoguadagni.com | 15 Zimmer | €€€

Riva Lofts Florenz A 2
Schöner Wohnen – 30 Min. Fußweg vom Ponte Vecchio entfernt haben Architekt Claudio Nardi und Tochter Alice einen alten Bauernhof zu Luxus-Lofts umgestylt. Jedes verfügt über eine Kochmöglichkeit und eine kleine Privatterrasse. Der Pool ist für alle da.
Rifredi | Via Baccio Bandinelli 98 | Tram: Paolo Uccello | Tel. 7 13 02 72 | www.rivalofts.com | 8 Lofts | €€€€

Room Mate-Hotels
Erfolgreiches Konzept – Originelles Design, optimale Lage, vernünftige Preise! Damit mischt die spanische Hotelgruppe derzeit die globale Hotelszene auf. In Florenz hat sie gleich zwei Hotels mit schwungvollen Linien und Farbeffekten umgestalten lassen.
– Isabella Room Mate | Santa Maria Novella | Via Tornabuoni 13 | Bus: Vecchietti | Tel. 2 39 64 64 | www.isabella.room-matehotels.com | 22 Zimmer | €€ D 3
– Luca Room Mate | San Giovanni | Via XXVII Aprile 3 | Bus: San Zanobi | Tel. 2 64 55 39 | www.luca.room-matehotels.com | 53 Zimmer | €€ E 2

Soprarno Suite 👥 D 4
Erlesenes Zuhause auf Zeit – Zunächst glaubt man, sich in der Tür geirrt zu haben und stattdessen in einer schicken Privatwohnung gelandet zu sein. Zwei Seiteneinsteiger, der Rechtsanwalt Matteo und der Architekt Francesco, haben hier unterschiedlich große Suiten mithilfe von Design-Objekten in erlesene Schmuckstücke verwandelt.
Santo Spirito | Via Maggio 35 | Bus: Pitti | Tel. 0 46 87 18 | www.soprarnosuitesflorence.com | 10 Suiten | €€€€

St. Regis Florence 🚹♿ D3

Vom Feinsten – Der Besitzerwechsel hat dem ältesten Luxushotel der Stadt gut getan. Denn dabei wurde die etwas plüschige Ausstattung durch unaufdringliche Raffinesse ersetzt.
Santa Maria Novella | Piazza Ognissanti 1 | Bus: Ognissanti | Tel. 2 71 61 | www.stregisflorence.com | 80 Zimmer, 19 Suiten | ♿ | €€€€

Villa Agape F6

Klösterliche Stille – Mit der ehemals von Ordensschwestern geführten Pension hat das 2015 eröffnete Drei-Sterne-Hotel nur noch den Namen und den verwunschenen Park gemeinsam. Im Innern wurde die weitläufige Villa runderneuert. Es gibt opulent gestaltete Zimmer im Haupthaus und Designer-Rooms in der Dependance.
Colline Sud | Via Torre del Gallo 8 | Bus: Torre del Gallo | Tel. 22 00 44 | www.villaagape.it | 28 Zimmer | ♿ | €€€

Villa Sestini 🚹 östl. H5

Zimmer mit Weitblick – Aufwachen mit dem Duft von Zypressen und Einschlafen beim Zirpen der Grillen. Bei solch paradiesischen Bedingungen setzt man sich lieber mit einem Buch in den Garten, anstatt die 6 km entfernte Stadt zu erkunden. Die Privatvilla hat B&B-Betrieb und einen kleinen Pool.
Bagno a Ripoli | Via di Vernalese 21 | Bus: Bagno a Ripoli | Tel. 63 09 51 | www.villasestini.it | 2 Zimmer, 3 Apartments | €€

Preise für ein Doppelzimmer mit Frühstück:
€€€€ ab 300 €   €€€ bis 300 €
€€ bis 150 €   € bis 100 €

In den Riva Lofts Florenz (▶ S. 24) trifft rustikales Äußeres auf schnörkelloses Inneres. Ein ehemaliger Bauernhof beherbergt heute Designerlofts – mit Garten und Pool.

ESSEN UND TRINKEN

Die saisonalen Zutaten stammen aus dem regionalen Angebot. In Florenz ist dieses Grundprinzip der bekömmlichen mediterranen Diät aus viel Gemüse und dem Wundermittel Olivenöl Extra Vergine seit jeher Selbstverständlichkeit.

Man fährt nicht nur der Kunst wegen nach Florenz. Eine ebenso starke Zugkraft hat die toskanische **Esskultur**. Im Grunde eine **Bauernküche**, wo auf den Tisch kommt, was Stall, Garten und Wald hergeben, wird durchweg darauf geachtet, dass die Speisen aus saisonalen Zutaten zubereitet werden, die aus der unmittelbaren Umgebung stammen. Daher ist die Durchschnittsqualität der Restaurants erstaunlich hoch. Wer in der Wiege des guten Geschmacks nicht einen Mindeststandard bietet, kann sich nicht halten. Dazu sind die Ansprüche der gaumenverwöhnten Florentiner einfach zu hoch.

Auch der Restaurant-Typ spielt kaum eine Rolle. Oft isst man in einer Spitzen-Trattoria oder in einer **Osteria mit Hausmannskost**, »cucina casalinga«, ebenso gut wie in einem Sterne-Restaurant. Unterschiedlich ist höchstens die Atmosphäre – und die Länge der Weinkarte. So kann man

◀ Schwerpunkt des Restaurants Cucina
Torcicoda (▶ S. 28) ist die toskanische Küche.

sich mittags auch in einigen **Bars oder Enotheken** verköstigen, da sie oft schmackhafte Spezialteller bereithalten. Auf keinen Fall verzichten sollte man auf den abendlichen **Aperitif** in einer Bar oder auf einer Hotelterrasse. Dort bezahlt man einen erhöhten Preis fürs Getränk und kann sich dafür am Finger-Food-Büfett bedienen. Für nordische Gewohnheiten reicht das oft als Abendmahl.

LUKULLISCHES EINMALEINS

Der Morgen beginnt mit einem Frühstück, »**colazione**« aus Gebäck und Kaffee in der Bar an der Ecke. Mittags geht es zum »**pranzo**« und abends zur »**cena**«, wo sich auch Italiener mittlerweile nur noch selten durch die gesamte Speisefolge essen.

Typische **Antipasti**, sind belegte »crostini«, in Öl eingelegtes Gemüse, »prosciutto con melone« oder »pinzimonio«, ein Rohkostgemisch, das in Olivenöl Extra Vergine getunkt wird.

Beim »**primo**«, dem ersten Gang, dominieren Nudelgerichte und Gemüsesuppen, »minestrone«. Der Hauptgang, »**secondo**«, besteht aus gedünstetem und gegrilltem Fisch oder Fleisch, das wie das Steak »bistecca fiorentina« meist nur kurz angebraten wird, und einer Beilage, »contorno«, aus gedünstetem Gemüse, Rosmarinkartoffeln oder gekochten weißen Bohnen, verfeinert mit einem Schuss Olivenöl. Den Abschluss bilden frisches Obst, der würzige Schafskäse »pecorino« oder die harten »cantuccini«-Mandelplätzchen, die in den Dessertwein Vin Santo getaucht werden.

WEINLAND TOSKANA

Was den Wein betrifft, sieht man in der Toskana traditionsgemäß rot. Brunello di Montalcino, Vino Nobile di Montepulciano, Chianti Classico und Morellino di Scancano sind die regionalen **Topweine**, und sie verbindet die Sangiovesetraube, die toskanische **Rebsorte** schlechthin. Längst machen auch regionale Weißweine wie der trockene, fruchtige Vernaccia di San Gimignano von sich reden. Die anderen Weißen, wie der aktuelle Star am Weinhimmel, Vermentino, haben einen Migrationshintergrund. Steht auf dem Etikette der Weinflasche der Hinweis »prodotto e imbottigliato«, also produziert und abgefüllt, sind Sie auf der sicheren Seite. Dort garantiert ein Winzer mit seinem Namen für **Qualität**.

BESONDERE EMPFEHLUNGEN
RESTAURANTS

Borro Tuscan Bistro 🔖 D 4
Klasse liegt im Detail – Ob man sich nun mit der Tante zum Light Lunch verabredet, mit Freunden zum Aperitif trifft oder die neue Flamme zum Dinner ausführt, mit diesem Restaurant in elegantem Vintage-Ambiente und mit schlichter Küche aus besten Zutaten liegt man immer richtig.
Santa Maria Novella | Lungarno Acciaiuoli 80r | Bus: Coverelli | Tel. 29 04 23 | www.ilborrotuscanbistro.it | €€

Cucina Torcicoda 🔖 F 3/4
Fünf auf einen Streich – Pizzeria, Osteria mit toskanischer Küche, elegantes Gourmetlokal, Eisdiele und Delikatessenshop, gleich mehrere Food-Kategorien – und alle von beachtlicher Qualität – wurden in elegant-behaglicher Atmosphäre unter einem Dach vereint. Und alle nutzen den riesigen Grillplatz und den gut sortierten Weinkeller.
Santa Croce | Via Torta 5r | Bus: Verdi | Tel. 2 65 43 29 | www.cucinatorcicoda.com | ♿ | €€€

CuCo – Cucina Contemporanea 🔖 D 2
Glaubenserlebnis – »Food is our religion«, gemäß diesem Motto hat Inhaber Stefano Bencini in seinem coolen, lichtdurchfluteten Zeitgeist-Lokal die Latte ziemlich hoch gelegt. Bisher hat er allerdings mit seinen kulinarischen Referenzen, darunter abwechslungsreiche vegetarische Gerichte sowie fleischliche Gaumenfreuden und ein exzellenter Käsekuchen, die Erwartungen erfüllt. Eine Auswahl regionaler Produkte (darunter lokale Biersorten, diverse Pastasoßen und eingemachtes Gemüse) kann man auch mit nach Hause nehmen.
Santa Maria Novella | Via del Melarancio 4r | Bus: Piazza Unità | Mobil 3 47/5 21 72 60 | www.cucofirenze.blogspot.com | Mo–Sa 11.45–15.30, 18.45–22 Uhr | ♿ | €€

Cuculia 🔖 D 4
Erlesene Auswahl – Buchladen mit Food-Ecke oder Restaurant mit Lesestoff? Wie herum man es auch betrachtet, die Mischung stimmt. Das ist der Verdienst von Roberta, die am Tisch für angenehmen Service sorgt, und von Olivier aus Venezuela, der für Vegetarier, Fischfans und Fleischesser gleichermaßen multiethnische Interpretationen toskanischer Gerichte zaubert.
Santo Spirito | Via dei Serragli 3r | Bus: Serragli | Tel. 2 77 62 05 | www.cuculia.it | Di–So 15–23.30 Uhr | €€

Ora d'aria 🔖 G 4
Erlesene Gaumenfreuden – Wie seine Kollegen der internationalen Elite-Vereinigung junger Spitzenköche lebt Marco Stabile mit Leidenschaft das Thema Genuss in all seinen Facetten auf höchstem Niveau. Das Resultat ist eine bis ins Detail durchkomponierte toskanische Küche mit raffiniertem Touch. Und natürlich ist in seinem eleganten Restaurant hinter den Uffizien auch die Weinkarte auf der Höhe. Auf Gourmets mit schmalerem Geldbeutel wartet ein Tapas-Menü.
Santa Croce | Via dei Georgofili 11r | Bus: Ponte Vecchio | Tel. 2 00 16 99 | www.oradariaristorante.com | Di–Sa 12.30–14.30, Mo–Sa 19.30–22 Uhr | ♿ | €€€€

Chalet Fontana 🚶 nordwestl. A1

Sommerfrische – Im Jahr 1896 kam Tullio Fontana auf die Idee, für die mondäne florentinische Gesellschaft einen Treffpunkt im Grünen zu schaffen, wo zur toskanischen Hausmannskost eine Kultur-Beilage gereicht wurde. Nachmittags Bistrot-Café, abends Restaurant ist man diesem Prinzip treu geblieben. Besonders attraktiv im Sommer ist die weitläufige Gartenterrasse.

Colline Sud | Viale Galileo Galilei 7 | Bus: Galilei | Tel. 2 28 08 41 | www.chalet-fontana.it | Di–So 10–24 Uhr | ♿ | €€€

Fuor d'Acqua 🚶 B3

Makellos – Florenz liegt knapp 100 km vom Meer entfernt, doch davon spürt man in diesem Fischrestaurant an der Porta San Frediano rein gar nichts. Hier ist alles exzellent zubereitet, vom Fischcarpaccio über die simplen, aber perfekt abgestimmten Nudelgerichte wie die »Spaghetti con le Arselline« bis zum Meerestier in der Backröhre. Dazu gibt es die jeweils passenden Weine.

Santo Spirito | Via Pisana 37r | Bus: Porta San Frediano | Tel. 22 22 99 | www.fuordacqua.it | Mo–Sa 20–2 Uhr | €€€

Trattoria La Casalinga 🚶 D4

Immer voll, immer gut – Seit einem halben Jahrhundert befindet sich die Trattoria der Familie Carrai in den Top Ten der florentinischen Kochparade immer auf den vorderen Plätzen. Das verdankt sie vor allem der konstanten Qualität ihrer traditionellen Hausmannskost, darunter der Klassikereintopf »Ribollita«, Ravioli mit Kaninchen-

Im Weinland Toskana (▶ S. 27) gehört zu einem guten Mahl auch ein edler Tropfen. Klangvolle Namen wie Brunello, Chianti, Morellino und Vino Nobile sind hier zu Hause.

ragout und Kochfleisch mit grüner Soße. Dazu wird Hauswein gereicht.
Santo Spirito | Via de' Michelozzi 9r | Bus: Pitti | Tel. 21 86 24 | www.trattoria lacasalinga.it | Mo–Sa 12–14.30, 19–22 Uhr | ♿ | €

Trattoria da Mario ⚓ E2
Gesellige Küche – Trattorien wie diese werden von Einheimischen und Besuchern gleichermaßen geschätzt: Hier sitzt man Schulter an Schulter mit anderen Gästen in vergnügter Runde zusammen und kann dabei zusehen, wie in der offenen Küche die typisch lokale Kost zubereitet wird. Und das Ganze absolut zentral, nämlich gleich hinter dem Mercato Centrale.
San Giovanni | Via Rosina 2r | Bus: San Lorenzo | Tel. 21 85 50 | www.trattoria-mario.com | Mo–Sa 12–15.30 Uhr | €

IMBISS
Trippai di Firenze
Streetfood alla Fiorentina! Sehen Sie in den Mittagsstunden einen Pulk Männer im Blaumann oder im Dreireiher um einen kleinen Marktwagen mit der Aufschrift »Trippaio« stehen, befindet man sich sozusagen an der Pforte zum Paradies, zumindest nach Meinung der Florentiner. Denn dort gibt es Brötchen mit »Lampredotto« oder Schälchen mit »Trippa«. Besser, Sie wissen nicht erst, was da drin ist, doch wer von sich behaupten will, Florenz verstanden zu haben, kommt daran nicht vorbei. Die Geschmäcker sind eben verschieden.
– Santa Croce | Via dei Macci, Via di Cimabue
– Bellariva | Via Vincenzo Gioberti
– Santo Spirito | Porta Romana

Die Krönung eines Stadtbummels ist ein Besuch auf der Terrasse des Caffè Rivoire (▶ S. 31), vor sich eine Tasse köstlicher heißer Schokolade und mit Blick auf die David-Kopie.

CAFÉS

Cioccolateria Vestri — F3

Es ist kein Zufall, dass die Einrichtung dieser Cioccolateria an eine historische Drogerie erinnert. In der Vergangenheit galt Bitterschokolade aufgrund ihrer anregenden Wirkung als Hausmedizin. Drei bis vier ausgewählte Pralinen, angereichert mit Zimt, Anis, Mandeln, Orangenschalen oder rotem Pfeffer, genügten, um gut über den Tag zu kommen, rät Leonardo Vestri, der das Familiengewerbe der Schokoladenherstellung bereits in der dritten Generation betreibt. Und weil Qualitätsschokolade in Italien nur zwischen Oktober und Mai hergestellt wird, um Frische zu garantieren, kann man im Sommer bei Vestri auf hausgemachte Schokoladeneissorten ausweichen.
Santa Croce | Borgo degli Albizi 11r | Bus: Salvemini | Tel. 2 34 03 74 | www.artedelcioccolato.it | tgl. außer So

Pasticceria Nencioni — F3

Schwärmt man den Anwohnern des Ambrogio-Viertels etwas von den Köstlichkeiten stadtbekannterer Konditoreien vor, erntet man nur ein müdes Lächeln. Sie wissen schließlich, dass es das Nonplusultra florentinischer Konditorei-Kunst, ob süß oder gesalzen, hier gleich bei ihnen um die Ecke gibt.
Santa Croce | Via Pietrapiana 24r | Bus: Salvemini | Tel. 24 10 12 | www.pasticcerianencioni.com | tgl. außer So

Rivoire — E3

Dieses Café – ein Monument der Gastlichkeit – gehört zu Florenz wie der Palazzo Vecchio direkt gegenüber. Sich dort an einen der Tische davor zu setzen ist zwar teuer, dafür ist die Qualität vor allem der heißen Schokolade mit Sahne, »cioccolata calda con panna« und des Gebäcks unschlagbar.
Santa Croce | Piazza della Signoria 5r | Bus: Galleria degli Uffizi | www.rivoire.it | tgl. außer Mo

BARS

Enoteca Sant'Ambrogio Caffè — G3

Ob zum Light Lunch oder zum abendlichen Aperitif, in dieser Weinbar sind Sie zu jeder Zeit am richtigen Ort. Das wohl überzeugendste Argument sind allerdings die Tische draußen auf der Piazza, wo man am Leben des Viertels teilnehmen kann.
Santa Croce | Piazza Sant'Ambrogio 7 | Bus: Annigoni | Tel. 2 47 72 77 | www.caffesantambrogio.it | tgl. außer So

---

Wollen Sie's wagen?

Für Florentiner sind sie der Schlüssel zum Paradies, für »forestieri« eher eine Mutprobe, ganz bestimmt wenn man weiß, dass es sich bei einem Schälchen »Trippa« um Kutteln in Tomatensoße und bei einem Brötchen mit »Lampredotto« um mit Gemüse zubereiteten Rindermagen handelt. Doch wer von sich behaupten will, Florenz verstanden zu haben, kommt an diesem lokalen Streetfood nicht vorbei.

Weitere empfehlenswerte Adressen finden Sie im Kapitel **FLORENZ ERKUNDEN**.

Preise für ein dreigängiges Menü:

€€€€	ab 90 €	€€€	ab 50 €
€€	ab 35 €	€	bis 35 €

Grüner reisen
Urlaub nachhaltig genießen

Wer zu Hause umweltbewusst lebt, möchte vielleicht auch im Urlaub Menschen unterstützen, denen ein verantwortungsvoller Umgang mit der Natur am Herzen liegt. Empfehlenswerte Projekte, mit denen Sie sich und der Umwelt einen Gefallen tun können, finden Sie hier.

Hinter dem Kürzel GAS für »Gruppi di Acquisto solidale« verbirgt sich eine nachhaltige Erfolgsgeschichte. In der Arnostadt hat sie jedoch besonders viele Anhänger. Es gibt rund hundert dieser solidarischen Einkaufsgruppen, die gemeinsam ihre Lebensmittel beim Erzeuger einkaufen. Ihr hochgestecktes Ziel ist ein alternatives Wirtschaftsmodell, das auf Partizipation, Regionalentwicklung und Nachhaltigkeit basiert. Aus diesem Grund haben sie ein Branchenbuch für nachhaltig produzierte Kleidung und Heimtextilien erstellt und darüber hinaus kleine, private Kreditfonds gegründet, die zinslose Kredite an Mitglieder der Gruppe vergeben.

Im Umgang mit natürlichen Ressourcen und beim Thema Essen und Trinken wird in Florenz, wo es noch immer zum Alltag gehört, sich im Gemüsegarten des Großvaters und der Großmutter zu bedienen oder den Wein und das Olivenöl beim Hersteller direkt einzukaufen, Nachhaltigkeit also seit Langem großgeschrieben. Unzählige Lokale, Bars und Shops werben auch damit, nur Produkte aus dem Umland – »a chilometro zero« – im Angebot zu haben. Die Landesregierung unterstützt diese erfreuliche Tendenz, indem sie Direktvermarktung und Bauernmärkte sowie verschiedene Initiativen wie Vetrina Toscana fördert. Der derzeitige Boom von Vegetarier- bzw. Veganer-Kost ist da nur eine natürliche Folge dieser allgemeinen Entwicklung.

Das »chilometro zero«-Prinzip gilt nicht nur für Lebensmittel. Immer mehr gerade junge Leute schauen beim Einkauf auf den Hinweis »Made in Italy«. Davon profitieren vor allem Klamottenläden mit junger italienischer Designermode. En vogue ist auch Vintage-Mode. Selbst neue Lokale und Bars werden nicht mehr komplett renoviert, sondern nur aufgehübscht, um Ressourcen zu sparen und Müllberge klein zu halten.

Wer Huhn und wer Ei ist – Politik oder Konsument – sei dahin gestellt. Auch die Stadtverwaltung hat sich den verantwortungsvollen Umgang mit Umwelt und Natur auf die Fahne geschrieben. Florenz hat nicht nur die größte Fußgängerzone Europas, auch große Teile der Innenstadt sind tagsüber für den Privatverkehr gesperrt. Vor 15 Jahren wurde die erste italienische Messe für nachhaltige Praktiken organisiert, und seit 2014 darf kein neuer Baugrund mehr ausgewiesen werden – ein absolutes Novum in Italien. Nur im Tourismus brilliert man noch nicht durch Öko-Praxis. Doch kann der Gast auch selbst aktiv werden: etwa indem er im Sommer die Klimaanlage im Hotelzimmer herunterdreht und im Winter statt die Heizung hochzudrehen, sich einen weiteren Pullover überzieht. Ein klitzekleiner Beitrag, um die Plastikinseln in den Ozeanen nicht noch anwachsen zu lassen, sind die »Fontane Pubbliche«: 16 kommunale Wasserstellen, wo man das kühle Nass in die mitgebrachte Mehrwegflasche füllen kann. Einige davon befinden sich in der Innenstadt.

ESSEN UND TRINKEN
RESTAURANTS
Dolce Vegan F1

Vom Dolce Vita zu Dolce Vegan – Veganer und Vegetarier haben ihr asketisches Öko-Image hinter sich gelassen und verkörpern stattdessen hippe Lebenslust. Das beweist einmal mehr dieser Take Away, wo Helena und ihre Mutter Nadia nur biologische Vegan-Produkte vom Feinsten herstellen. Man bestellt vorne an der Theke, wartet bis man aufgerufen wird und geht dann mit seinem Pasta-Teller, dem Bio-Salat oder den Vegan-Panini an den Tisch. Dazu gibt es Gebäck, Agavensaft oder Bio-Bier und im Saal nebenan auch Bio-Lesestoff und Produkte zum Mitnehmen.

San Giovanni | Via San Gallo 92r | Bus: Salvestrina | Tel. 0 19 54 37 | www.dolcevegan.it

Libreria Brac E4

Kunst und Food – Fast schon Wohnzimmer-Charakter hat diese Mischung aus veganem Esslokal und Kunstbuchladen. Vorne am Eingang gibt man die Bestellungen auf, die bei gutem Wetter in dem kreativ gestalteten Hinterhof serviert werden. Falls es regnet, sucht man sich einen Tisch im verglasten Raum dahinter, wo man beim Essen auch schmökern oder während einer Lesung ein Glas Wein trinken kann.
Santa Croce | Via dei Vagellai 18r | Bus: Benci | Tel. 0 94 48 77 | www.libreria brac.net

EINKAUFEN
LEBENSMITTEL

Civaie Menchini D3

Jutesäcke voller gelber Kichererbsen, roter Linsen, weißer Bohnen und schwarzem Reis. Gläser mit braunen Nüssen und bunten Gewürzen sowie in den Holzregalen regionales Obst und Gemüse. Der kleine Laden der Familie ist eine Augenweide und tut auch der Umwelt gut, denn hier wird weitestgehend auf Verpackungsmaterial verzichtet. Früher gab es solche »cervaie« an jeder Ecke, moderne Einkaufsriten haben vielen leider den Garaus gemacht.
Santa Maria Novella | Via della Spada 52r | Bus: Vecchietti | Tel. 2 39 66 51

Vetrina Toscana

Ein Kranz aus Gartenerzeugnissen, dazwischen der Schriftzug »Vetrina Toscana«. Dieses offizielle Logo der Region Toskana neben einem Restauranteingang signalisiert, dass in der Küche vorwiegend mit saisonalen Zutaten aus der Umgebung gekocht wird. Doch auch Lebensmittelläden, bei denen lokale Delikatessen wie Fleisch vom »Cinta-Senese«-Schwein, Kastanienmehl aus dem Mugello und Cantucci-Plätzchen aus Prato über die Theke gehen, Fachgeschäfte, die regionale Handwerksprodukte verkaufen, Bauernhöfe, die Direktvermarktung betreiben, und Fischer, die sich auf lokale Fischarten spezialisiert haben, dürfen es verwenden.
www.vetrina.toscana.it

MODE
Alta Rosa F1

Selbst eine fundamentalökologische Braut braucht nicht auf ihren Traum in Weiß zu verzichten. Gabriella Ganugi, Gloria Modesti und Valeria Doga halten für sie beispielsweise ein Hochzeitskleid aus tschechischer Peacesilk oder ägyptischer Biobaumwolle bereit, garantiert »ecofriendly«.
San Giovanni | Via San Gallo 84r | Bus: Salvestrina | Tel. 4 62 51 90 | www.altarosa.it | Mo–Fr 9.30–13.30 und 14.40–19 Uhr, Sa nur vormittags

AKTIVITÄTEN
Eco Florence Tour F4

Wer nur ein paar Stunden für eine Stadtbesichtigung hat oder nicht gut zu Fuß ist, kann das absolute Fahrverbot für die Florentiner Fußgängerzone zwischen Piazza Santa Croce, Dom und Via Tornabuoni trotzdem umgehen: mit einer Golf-Car-Tour im vier- oder 14-sitzigen Elektromobil von Accord, in Begleitung eines Fahrers, eines Führers oder eines Audio-Guides. In kurzer Zeit bekommt man einen ersten Eindruck von den Highlights der Stadt. Die Touren starten mehrmals täglich

an der Piazza San Firenze, dauern 1,5 Std. und kosten 29 € pro Person. In der Hochsaison vorbestellen!
Santa Croce | Accord, Corso Tintori 6 | Bus: Benci | Tel. 28 28 25 | www.accordsolutions.it

Florence by Bike   E1
Was noch vor einigen Jahren als Harakiri verschrien war, lässt sich mittlerweile guten Herzens empfehlen: Fahrradfahren in Florenz. Das Wegenetz für Biker wird ständig ausgebaut, und in Zukunft soll sogar die Fahrt am Arno entlang vom Vorort Signa im Norden bis zur Nachbarstadt Pontassieve im Süden möglich sein. Zahlreiche Hotels verfügen seitdem über ihren eigenen zweirädrigen Fuhrpark. Doch lassen sich Räder auch stunden- oder tageweise bei privaten Verleihfirmen mieten. Zusätzlich organisieren sie, wie Florence by Bike, tagsüber City Bike Touren zu den touristischen Highlights und abends gemeinsame Kneipentouren. Kartenmaterial und nützliche Infos gibt es unter firenzeinbici.net.
San Giovanni | Via San Zanobi 54r | Bus: San Zanobi | Tel. 48 89 92 | www.florencebybike.it | Tagespreis ab 14 €, für eine 3-stündige Tour 39 €

De Gustibus Network   C4
Alles Bio: Fahrradtouren, Wanderungen, Ballonfahrten und Workshops zum Thema Käsemachen, Brotbacken und Olivenöl. Mit seinem Veranstaltungsangebot will das Netzwerk aus zertifizierten Biobauern, Schäfern, Olivenbauern, Imkern und Winzern Touristen die nachhaltige Toskana vorstellen. Seit 2015 ist ihre florentinische Anlaufstelle das Culinaria Bistrot, wo sich Interessenten über das Programm informieren, die Produkte kaufen und neuerdings auch kosten können, was Koch Jacques Pachoud daraus zaubert.
Santo Spirito | Culinaria Bistrot, Piazza Torquato Tasso 13r | Bus: Piazza Tasso | Tel. 33 51 53 59 65

Beim Essen schmökern und umgekehrt: eine Kombination, der man in der Libreria Brac (▶ S. 34) drinnen wie draußen frönen und sich dabei wie zu Hause fühlen kann.

EINKAUFEN

Florenz hat von Haus aus Stil. Bereits im Mittelalter reiste man in die Arnostadt, um hier feines Tuch, edle Lederwaren und elegante Möbel einzukaufen. Das ist auch heute noch so. Manchmal ist Glück eben doch käuflich.

Beim Bummel durch die florentinische Innenstadt, wo man auf Schritt und Tritt den schönen und begehrlichen Dingen begegnet, ist man versucht, diesem Hedonisten-Credo sofort Glauben zu schenken. Das beginnt bei der **Mode**, wo man anderen europäischen Städten in der Regel eine Saison voraus ist. Dafür sorgen außer den Luxustempeln der internationalen Modemarken zwischen Via Calzaiuoli, Via Tornabuoni und Via della Vigna Vecchia viele kleine Modeateliers, die eigene Modelle schneidern. Ihr Reich liegt, wie das der Klamottenläden, die sich auf unbekanntere, dafür garantiert **italienische Labels** spezialisiert haben, abseits der großen Einkaufsstraßen im Borgo degli Albizi, in der Via dei Benci und rund um die Piazza Santo Spirito. Selbst mit knappem Budget ist man in der Heimat von Pucci, Ferragamo und Gucci modisch auf der Höhe, dank **Kaufhäusern** wie Rinascente und Coin, sympathischer Gemischt-

◀ Schuhe nach Maß (▶ S. 38) zeichnen sich in Florenz durch Qualität und Eleganz aus.

warenläden, »Mercerie«, mit kompetentem Personal sowie der **Wochenmärkte** Typ Mercato Centrale und Mercato Sant'Ambrogio mit ihren Kleiderständen und Wühltischen. Bei den **Billigläden**, die sich im Zentrum breit gemacht haben, sollten Sie bedenken, dass ihre Ware meist aus Ländern stammt, für die nachhaltige Produktionsstandards Fremdwörter sind. Bestehen Sie dort auf dem Kassenzettel (»lo scontrino«)!

TRADITIONELLE HANDWERKSKUNST

Den florentinischen **Kunsthandwerkern**, die gerade in der Vergangenheit mit ihren hochwertigen Qualitätsprodukten – handgefertigte Tisch- und Bettwäsche, edle Ledertaschen, geschnitzte Bilderrahmen, handgeschöpftes Papier und bemaltes Porzellan – das Rückgrat der Wirtschaft bildeten, wurde schon oft der Abgesang geschrieben. Zum Glück gibt es sie noch, allerdings wurden sie mit ihren Ladenwerkstätten, »botteghe«, an den Rand der Altstadt gedrängt. Wer sie besucht und dabei zusieht, mit welchem Können sie ihr Material formen, versteht: Qualität hat ihren Preis. Zur Lebensqualität gehört hier ganz selbstverständlich die Ess- und Trinkkultur. Das erklärt die vielen **Delikatessengeschäfte**, die sich auf regionale Spezialitäten – vom Kastanienbier aus dem Mugello über den Pecorino aus Pienza bis zu feinen Pralinen aus Pistoia – spezialisiert haben. Selbst Supermarktketten haben sie im Regal. Auch für die weltberühmten toskanischen **Qualitätsweine** gibt es gut sortierte Enotheken, Erzeugerläden und Verkaufsstellen für offenen Wein, den »vino sfuso«. Nur übersteht der die Fahrt über die Alpen selten ohne Schaden.

BESONDERE EMPFEHLUNGEN

BACKWAREN

Focacceria Pugi F 2

In Florenz sein und nicht einmal eine »schiacciata« bei Pugi probieren! Dafür hat kein Florentiner Verständnis. Nirgendwo anders ist das leicht gesalzene, mit Olivenöl beträufelte Fladenbrot so weich und knusprig zugleich.
San Giovanni | Piazza San Marco 9/B | Bus: San Marco | www.focacceria-pugi.it

BETT- UND TISCHWÄSCHE

Loretta Caponi D/E 3

Handbestickte Bett- und Tischwäsche, mit kostbarer Spitze verzierte Kinderkleidung, hauchzarte Negligés. Kunden aus aller Welt, darunter viele Prominente, geben ein Heidengeld für die handgearbeiteten Träume aus.
Santa Maria Novella | Piazza Antinori 4r | Bus: Vecchietti | www.lorettacaponi.com

DELIKATESSEN

Pegna 📚 E3

Wer seinen Gästen etwas Besonderes vorsetzen möchte, schaut garantiert in diesem traditionellen Delikatessenladen vorbei. Seit 1860 geht hier eine Riesenauswahl erstklassiger toskanischer Spezialitäten über den Ladentisch.
Santa Croce | Via dello Studio 8 | Bus: Proconsolo | www.pegna.it

HÜTE

Grevi 📚 D3

Die Kreissäge, der kleine runde Strohhut, gehörte zur Sonntagsausstattung unserer Urgroßväter, der breitkrempige Florentiner mit dem farbigen Ripsband zur Dame von Welt. Wer weiß, ob sie seinerzeit nicht auch aus diesem traditionsreichen Familienbetrieb stammten, der noch heute modische Kopfbedeckungen produziert.
Santo Maria Novella | Via della Spada 11/13 | Bus: Santa Maria Novella | www.grevi.it

KUNSTHANDWERK

Maestri di Fabbrica 📚 F3

Hier ist der Name Programm. Unter den dekorierten Gewölbedecken werden nur Meisterstücke aus toskanischen Handwerksbetrieben verkauft: vom mundgeblasenen Glas aus Colle Val d'Elsa über handgearbeitete Messer aus Scarperia bis zur Florentiner Naturkosmetik.
Santa Croce | Borgo degli Albizi 68 | Bus: Proconsolo | www.maestridifabbrica.eu

Richard Ginori 📚 E3

Im Wohnzimmerschrank ein komplettes Geschirr für zwölf Personen dieser ältesten Porzellanmanufaktur Italiens zu haben, gehört in Florenz zum guten Ton. 2013 hat Gucci durch einen Rettungskauf dafür gesorgt, dass es in Zukunft Ersatz gibt, wenn mal einer der handbemalten Teller zerbricht.
Santa Maria Novella | Via Rondinelli 17r | Bus: Santa Maria Maggiore | www.gucci.com/it/worldofgucci/articles/richard-ginori

MODE

Flo-Concept Store 📚 D3

Elisabetta Renzoni kann sich immer wieder darüber freuen, wenn ihre Kunden es nicht einmal merken, dass ihr Geschäft ein Genossenschaftsladen ist. Für sie ist es der Beweis, dass die Mode und Accessoires, die in betreuten Werkstätten oder von afrikanischen Frauenkooperativen hergestellt werden, absolut im Trend liegen.
Santa Maria Novella | Lungarno Corsini 30–34r | Bus: Vigna Nuova | www.flo-firenze.org

Principe di Firenze 📚 D3

Stilsicher wissen die Florentiner, welches Outfit und welche Accessoires zu ihnen passen. In diesem traditionellen Bekleidungsgeschäft finden sie seit 1930 immer das Richtige.
Santa Maria Novella | Via del Sole 2 | Bus: Santa Maria Novella | www.principedifirenze.com

SCHUHE UND LEDERWAREN

Antonio Mannina 📚 E4

Ein seit Generationen vom Vater auf den Sohn vererbter Schuhmacherbetrieb, wo weiterhin mit Präzision und Sorgfalt gearbeitet wird. Wer in den Regalen nicht auf Anhieb das richtige

Paar Schuhe findet, kann sie sich auch nach Maß anfertigen lassen.
Santo Spirito | Via de Guicciardini 16r | Bus: Pitti | www.manninafirenze.com

Madova Gloves　　　　　　E4
Hier gibt es noch immer handgefertigte Lederhandschuhe, in jeder Form, jeder Farbe, mit verschiedenen Fütterungen und in allen Größen.
Santo Spirito | Via Guicciardini 1r | Bus: Pitti | www.madova.com

Scuola del Cuoio　　　　　　F4
Mit der einstigen Ausbildungsmaßnahme der Franziskaner für Kriegswaisen hat die renommierte Lederschule nur noch Namen und Ort gemeinsam. Heute sitzen junge Leute aus der ganzen Welt an den alten Handwerksbänken und stellen unter kundiger Anleitung wunderschöne, hochpreisige Taschen und Accessoires her.
Santa Croce | Via San Giuseppe 5r | Bus: Magliabechi | www.scuoladelcuoio.com

SCHMUCK
Il Gatto Bianco　　　　　　E4
Bei den Silberschmieden Walter und Carla steht florentinische Raffinesse im Mittelpunkt, wenn auch in zeitgenössischer Version. Ihre mal aufwendigen, mal simplen Schmuckstücke z. B. aus Silber mit Lavagestein oder Perlen mit Plexiglas gibt es nur in kleiner Auflage.
Santa Maria Novella | Borgo S. S. Apostoli 12r | Bus: Ponte Vecchio | www.gattobiancogioielli.com

Weitere Geschäfte und Märkte finden Sie im Kapitel **FLORENZ ERKUNDEN**.

In den Ateliers der Florentiner Kunsthandwerker (▶ S. 38), wie bei diesem Vergolder, sind Augenmaß, Fingerfertigkeit und Kunstsinn gefragt.

KULTUR UND UNTERHALTUNG

Florenz ist der Inbegriff für Renaissancekunst. Da geht es schon mal unter, dass es dort auch eine sehr lebendige, zeitgenössische Tanz-, Theater- und Musikszene gibt, die den Vergleich mit anderen Städten nicht zu scheuen braucht.

Musik liegt den Florentinern in den Genen. 1580 wurde hier die Oper und nur hundert Jahre später das Hammerklavier erfunden. Mit dem **Maggio Musicale Fiorentino** war die Arnostadt zu Beginn des 20. Jh. dann ein früher Vorreiter des derzeitigen Festival-Booms; 80 Jahre später gründete der avantgardistische Komponist Luciano Berio eine Werkstatt für zeitgenössische Musik. Während anderswo in Italien die klassische Musik mit dem Rücken an der Wand steht, holt die private Vereinigung Amici della Musica ihre renommiertesten Repräsentanten an den Arno und wurde 2014 sogar ein funkelnagelneues **Opernhaus** (▶ S. 19) eingeweiht. Außerdem kennt die Lust an Symphonie- und Kammerkonzerten hier keine Altersgrenzen.

Ganz ähnlich verhält es sich mit den anderen Genres. Veranstaltern wie Musicus Concentus gelingt es immer wieder, die großen Namen des **Jazz**

◄ Prachtvoll in Szene gesetzt: die Oper
»Aida« im Teatro Verdi (▶ S. 43).

in die kleinen Lokale zu holen. Und auch die Weltstars des **Folk**, **Blues**, **Rock** und **Crossover** haben Florenz meist mit auf der Gig-Liste. Ob Sting oder Patty Smith, Leonard Cohen oder Bruce Springsteen, James Taylor oder Einstürzende Neubauten, wahrscheinlich wollen alle ihre Kunst an dieser herrlichen Kulisse messen, besonders wenn die Bühnen Piazza Santa Croce oder Forte Belvedere heißen.

AVANTGARDISTISCHE KLEINKUNST

Auch als Tanz- und Theaterstadt hat Florenz keinen Grund, sich zu verstecken. Mehrere **Schauspielhäuser** mit glänzendem Programm bedienen jedweden Geschmack. Außerdem ist trotz – oder vielleicht gerade wegen – der kargen Mittel, die zur Verfügung stehen, das Interesse an avantgardistischen Spektakeln besonders groß. Pioniere sind hier die zahlreichen Kompanien ohne eigenes Haus. Für sie öffnen große Kulturstätten wie der Bargello oder Boboli schon mal ihre Tore.

Auch die **Filmbranche** ist in Florenz sehr präsent. Zum einem muss die Stadt immer wieder als Location für nationale und internationale Produktionen herhalten. Zum anderen haben Cineasten im Odeon, im Stensen Institut oder im Fulgor ihre festen Termine. Gleich zehn verschiedene Festivals zeigen dort, was im Nahen Osten, in Korea, in der Doku-Branche oder in der Schwulenszene produziert wird. Sehr beliebt ist auch Sommerkino unter freiem Himmel.

BESONDERE EMPFEHLUNGEN

ELEKTRONISCHE MUSIK
Tempo Reale – Centro di Ricerca, Produzione e Didattica Musicale　🚩 A3

Gegründet von dem Komponisten Luciano Berio, will diese Werkstatt für elektronische Musik in der Villa Strozzi avantgardistische Musikkultur und experimentelles Sounddesign verbreiten. Im November bringt sie mit ihrem Festival Tempo Reale überdies die Stadt mit Installationen, Performances und Konzerten zum Erklingen.

Santo Spirito | Via Pisana 77 | Bus: Della Casa | Tel. 71 72 70 | www.temporeale.it

JAZZ
Sala del Rosso　🚩 östl. H5

Der Jazzclub in einem mittelalterlichen Schloss mit exzellenter Akustik und vielversprechendem Programm ist nur der neueste von zahlreichen Treffs der in Florenz sehr lebendigen Jazzszene.
Gavinana | Via di Badia a Ripoli 5 | Bus: Kassel | Tel. 3 58 25 34 48 | www.lasaladelrosso.it | Do–Sa 21 Uhr, Konzertbeginn 21.45 Uhr, Reservierung erforderlich

ROCK, POP UND UNDERGROUND

Viper Theater 🚌 westl. A1

Wer sich für Trends in der Rock- und Pop-Musik interessiert, sollte hier ins Veranstaltungsprogramm schauen. Dann ist man auf dem Laufenden.

Rifredi | Via Pistoese/Ecke Via Lombardia | Bus: Pistoiese 16 | Tel. 01 95 9 12 | www.viperclub.eu

Auditorium Flog 🚌 nördl. C1

Das Lokal im Freizeitpark einer Maschinenfabrik ist Location für die Underground-Szene. Im Jahr 1972 erbaut, wurde hier das wichtigste italienische Archiv für Volkstraditionen sowie das erste Ethno-Musikfilm-Festival Europas, Musica dei Popoli, gegründet. Seitdem finden in dem Underground-Ambiente jährlich rund 150 Livekonzerte berühmter, aber auch innovativer Musikformationen statt.

Rifredi | Via Michele Mercati 24b | Bus: Celso | Tel. 8 71 45 | www.flog.it | ♿

TANZ

Cango – Cantieri Goldonetta 🚌 D 4/5

Choreograf Virgilio Sieni, viel prämierter Protagonist auf der modernen Tanzbühne, hat im Viertel San Frediano neben seiner Werkstatt für die eigene Tanztruppe auch eine Schule der Gesten für Laien gegründet, wo er die Überschreitung gängiger Wahrnehmungsmodi probt.

Santo Spirito | Via Santa Maria 23 | Bus: Campuccio | Tel. 2 28 05 25 | www.cango.fi.it

Danza in Fiera 🚌 D1

Jährlich Ende Februar, dreht sich im Messezentrum Fortezza da Basso alles ums Thema Tanz. Neben Workshops und Castings werden auch internationale Tanzwettbewerbe organisiert.

Fortezza da Basso | Viale Filipo Strozzi | Bus: Ridolfi | Tel. 05 74/57 56 18 | www.danzainfiera.it

THEATER

Teatro della Limonaia 🚌 nördl. A1

Das aktuellste Theater der Stadt befindet sich in Sesto Fiorentino. Trotzdem strömen die Zuschauer in Scharen her, wenn im Herbst während des Intercity Festivals drei Wochen lang zeitgenössische Kulturproduktionen aus anderen Städten Europas vorgestellt werden.

Sesto Fiorentino | Via Gramsci 426 | Bus: Usl 10/G | Tel. 44 08 52 | www.teatrodellalimonaia.it

Teatro della Pergola 🚌 F3

Das führende Schauspielhaus von Florenz, 1661 mit einer komischen Oper eingeweiht, war als erstes Logentheater Italiens anfangs nur für Hofmitglieder bestimmt. Bereits 1718 öffnete man es allerdings dem zahlenden Publikum. Nach wie vor erlebt der Prosa-Tempel seine beste Performance mit klassischen und modernen Theaterstücken.

San Giovanni | Via della Pergola 12/32 | Bus: Sant'Egidio | Tel. 2 26 41 | www.fondazioneteatrodellapergola.it

Teatro Puccini 🚌 B2

Viel Kabarett, mal leichte Musikkonzerte, dann wieder politisches Theater. Mit diesem Mix kann das einstige Fabriktheater, das zwischendurch als Tanzsaal und Boxring herhalten musste, auf ein treues Stammpublikum zählen.

Centro Storico | Via delle Cascine 41 | Bus: Tartini | Tel. 36 20 67 | www.teatropuccini.it

Kultur und Unterhaltung | 43

Teatro Verdi F3
Vor eineinhalb Jahrhunderten mit Verdis Oper »Rigoletto« eröffnet, ist das von der Region finanzierte Haus die Bühne für nationale Volkstheaterproduktionen sowie große Musikevents. Noch leistet es sich ein eigenes Orchester, das ORT, eins der besten im Land.
Santa Croce | Via Ghibellina 97–99 | Bus: Verdi | Tel. 21 34 96 | www.teatroverdionline.it

KINO
Fulgor D2
In dem modernen Kinozentrum im nostalgischen Jugendstil-Kleid finden Filmpremieren statt. Es werden auch Opern live übertragen.
Santa Maria Novella | Via Maso Finiguerra 24 r | Bus: Canacci | Tel. 2 38 18 81 | www.staseraalcinema.it/cinemafulgor

Odeon E3
Das elegante Film-Theater ist offizieller Sitz der toskanischen Filmförderung. Hier werden Premieren gezeigt, finden im Spätherbst die 50 Filmtage von Florenz statt und gibt es auch manchmal Filme in Originalsprache mit italienischen Untertiteln.
Santa Maria Novella | Via degli Anselmi | Bus: Repubblica | Tel. 29 50 51 | www.odeonfirenze.com

Spazio Alfieri F3
Nach der Wiedereröffnung liegt der Schwerpunkt des alten Programmkinos außer auf Cineastenfilmen, Musik-Theater oder Tango-Kursen zeitgemäß auf Bistro-Betrieb mit Apericinema.
Santa Croce | Via dell'Ulivo 6 | Bus: Salvemini | Tel. 5 32 08 40 | www.spazioalfieri.it

Teatro della Pergola (▶ S. 42): In Hufeisenform und mit drei von Säulen getragenen Rängen war es das erste Logentheater Italiens und bietet Platz für 1000 Zuschauer.

FESTE FEIERN

Carpe diem! Diese Aufforderung von Renaissancefürst Lorenzo de' Medici, das Leben bei den Hörnern zu packen, wird bis heute beherzigt. Jede religiöse Prozession, jedes profane Fest verwandeln die Florentiner in ein farbenfrohes Spektakel.

Florentinern wird nachgesagt, sie könnten sich bestenfalls zu zweit vergnügen. Sei ein Dritter mit im Spiel, würden sofort zwei Parteien gebildet, um sich auf Kosten der Gegner zu amüsieren. Der schlagende – oder besser gesagt raufende – Beweis ist das Wettkampfspiel **Calcio Storico Fiorentino**, bei dem vier Stadtteile gegeneinander antreten.

PRACHTVOLL IN SZENE GESETZT

Wie fast alle lokalen Stadtfeste geht es auf eine wahre Begebenheit zurück, die nebenbei viel vom überbordenden Selbstbewusstsein der Bürger durchblicken lässt. Obwohl es kaum noch etwas zu essen gab, organisierten die Patriziersöhne während einer Belagerung durch kaiserliche Truppen ein Fußballspiel. Sie wollten dem Feind, der von den umliegenden Hügeln zuschauen konnte, zeigen, dass sie keineswegs resigniert hatten.

◀ Kein offizielles Stadtfest ohne die Trommler und die Garde in historischen Kostümen.

In der Vergangenheit gab es jeden Monat solche Spiele und Feste, die immer mit wahren Prachtumzügen verbunden waren. Geblieben ist die Lust, Ereignisse aus der Stadtgeschichte und ein bisschen auch sich selbst mit prächtigen Renaissance-Kostümen in Szene zu setzen.
Kultur unters Volk zu bringen, hat in Florenz ebenfalls Tradition. Davon zeugt nicht nur die erste öffentliche Bibliothek Europas im San-Marco-Kloster. Auch dem derzeitigen Festival-Boom ist man um Jahrzehnte voraus. Es gibt hier Klassiker der **Festival-Kultur**, wie den fast 80-jährigen Maggio Musicale für die Moderne Musik oder das Festival dei Popoli, die älteste, dem Dokumentarfilm gewidmete Veranstaltungsreihe Europas.

JANUAR
La Cavalcata dei Magi
Am 6. Januar kommt in Italien die »Befana« zu den Kindern und bringt ihnen (theoretisch) Kohle und Geschenke. Florenz erinnert hingegen auch an den religiösen Ursprung des Festes. Begleitet von 700 Figuranten in prächtigen Renaissance-Kostümen reiten die drei Könige aus dem Morgenland vom Palazzo Pitti zum Dom, um dort ihre Geschenke niederzulegen. Vorlage für diesen Umzug ist der gleichnamige Freskenzyklus des Benozzo Gozzoli im Palazzo Medici Riccardi.
6. Januar

FEBRUAR
Partita dell'Assedio
Am 17. Februar 1530 war die Piazza Santa Croce Schauplatz eines Fake. Nach monatelanger Belagerung durch die Truppen von Kaiser Karl V. wollten die ausgehungerten Florentiner zeigen, dass sie ihren Kampfgeist nicht verloren hatten. Unter den Augen ihrer Feinde, die auf den Hügeln Stellung bezogen hatten, veranstalteten sie ein Wettkampfspiel. Dieses »Spiel des Florentiner Stolzes«, aus dem sich später das Turnier »Calcio Storico Fiorentino« entwickelte, wird heute am selben Ort nachgestellt.
17. Februar

MÄRZ
Capodanno Fiorentino
Erst 1749 wurde per Dekret festgelegt, dass auch für Florenz der Gregorianische Kalender zu gelten habe. Denn während andernorts schon seit 250 Jahren das neue Jahr am 1. Januar begann, war es für die Florentiner weiterhin der 25. März, Mariä Verkündigung. Daran erinnert ein Festzug in den Kostümen der Republik Florenz vom Palagio di Parte Guelfa bis zur Marienwallfahrtsstätte S. S. Annunziata.
25. März

Scoppio del Carro
Dieser Brauch geht ins 12. Jh. zurück. Am Ostermorgen wird ein Ochsenkarren von einem Festzug zur

S. S. Apostoli-Kirche begleitet, wo man mit Feuersteinen, die dort aufbewahrt werden und aus dem Heiligen Land stammen sollen, eine Kerze anzündet. Dann geht es weiter zum Dom, wo der Ochsenkarren durch ein Seil mit dem Hauptaltar verbunden wird. Dann zündet der Bischof mit dem heiligen Feuer eine Holztaube an, die am Seil entlang zum Karren schwirrt und dort ein Feuerwerk entfacht. Gelingt ihr das ohne Zwischenfall, gilt das als gutes Omen für die kommende Ernte.
Ostersonntag

APRIL
La Notte Bianca
In der Nacht zum 1. Mai wird rechts und links vom Arno eine unterhaltsame Mischung aus Konzerten, Straßentheater und gastronomischen Events geboten.
30. April
www.nottebiancafirenze.it

MAI
Artigianato e Palazzo
Die Principessa Corsini ist eine resolute Person. Vor Jahren hatte sie sich darüber geärgert, dass es keinen Steinmetz mehr gab, der die Skulpturen im Palastgarten reparieren konnte. Deswegen veranstaltet sie nun dort eine Kunsthandwerksmesse, in der Hoffnung, auf diesem Weg mehr junge Leute für die alten Florentiner Metiers zu interessieren.
Mitte Mai
www.artigianatoepalazzo.it

Fabbrica Europa
1994 gegründet, um den Florentinern europäische Kultur zu präsentieren, werden bei dem jährlichen Tanz- und Theater-Festival mittlerweile auch in Workshops und auf der Bühne gemeinsam zeitgenössische Formen von Theater und Tanz erarbeitet.
Mitte Mai bis Ende Mai | www.fabbrica europa.net

JUNI
Calcio Storico Fiorentino
In mehreren Runden raufen sich die Mannschaften der vier historischen Stadtviertel San Giovanni, Santa Croce, Santa Maria Novella und Santo Spirito bei diesem Turnier um einen Stoffball. Dabei ist (fast) alles erlaubt, um ihn im Tor der gegnerischen Mannschaft zu platzieren. Das Endspiel findet am Patronatsfest auf der Piazza Santa Croce statt und endet mit einem Feuerwerk auf dem Piazzale Michelangelo.
24. Juni
www.calciostoricofiorentino.it

JULI/SEPTEMBER
Effetto Estate
Wenn die offizielle Kultur Pause macht, beginnt die Zeit des Florentiner Veranstaltungs-Sommers. Auf mehreren öffentlichen Plätzen, darunter dem Arnostrand, der Piazza Tasso, der Limonaia der Villa Strozzi oder dem Giardino dell'Artecultura, wird dann ein Feuerwerk aus kleinen und großen Kulturinitiativen organisiert.
effettoestate.blogspot.it

SEPTEMBER
Festa della Rificolana
Vergleichbar mit unserem Martinsumzug, ziehen die Kinder am Abend mit selbst gebastelten Laternen durch die Stadt zur Piazza S. S. Annunziata. Das

Fest endet am Tag darauf mit der Fahrt eines mit Laternen geschmückten Boots auf dem Arno.
7. September

OKTOBER/NOVEMBER
50 Giorni di Cinema Internationale
Zehn unterschiedliche Filmfestivals, darunter das renommierte Dokumentarfilmfestival dei Popoli, die Frauenfilm-Tage und die Schwulenfilm-Reihe, wurden zu einem 50-tägigen Filmmarathon mit Diskussion und Premieren zusammengefasst. Festspielhaus ist das renovierte Odeon-Kino.
www.50giornidicinema.it

NOVEMBER
Florence Wine Events
Man kauft einen Degustationspass, bekommt ein Glas und probiert beim Klang von Jazz oder Klassik das Angebot regionaler Weinproduzenten. Veranstaltungsorte sind mal Oltrarno, mal die Piazza San Firenze oder das Roster-Tepidarium im zauberhaften Giardino dell'Orticultura (▶ S. 107).
Anfang November
www.florencewineevent.com

DEZEMBER
Silvester
Wer keine Lust auf ein »cennone« hat, das traditionelle Festmenü mit Freunden, für den ist Party in der Innenstadt. Dort organisiert die Kommune Gratis-Konzerte: Rock gibt es im Cascine-Park, Klassik auf der Piazza della Signoria, Jazz und Blues in Oltrarno. Die unvermeidlichen Linsen, die für Wohlergehen im neuen Jahr stehen, können ja schon vorher gegessen werden.

Beim mittelalterlichen Fußballspiel Calcio Storico (▶ S. 46) vor der Basilika Santa Croce treten die Mannschaften der vier historischen Stadtteile – jeweils 27 Männer – gegeneinander an.

MIT ALLEN SINNEN
Florenz spüren & erleben

Reisen – das bedeutet aufregende Gerüche und neue Geschmacks-erlebnisse, intensive Farben, unbekannte Klänge und unerwartete Einsichten; denn unterwegs ist Ihr Geist auf besondere Art und Weise geschärft. Also, lassen Sie sich mit unseren Empfehlungen auf das Leben vor Ort ein, fordern Sie Ihre Sinne heraus und erleben Sie Inspiration. Es wird Ihnen unter die Haut gehen!

◀ Ein beschauliches Vergnügen ist eine Tuk Tuk-Tour mit der Blech-Biene (▶ S. 51).

ÜBERNACHTEN
Hotel Torre Guelfa　　　　🔖 E4
Gelebte Stadtgeschichte – Unter hohen Holzdecken und zwischen pastellfarbenen Stilmöbeln bekommt man in den oberen Stockwerken selbst heute noch eine Ahnung davon, wie komfortabel die mächtige Familie Acciaiuoli hier einmal gelebt und wie unangreifbar sie sich vor allem oben auf ihrer Turmterrasse gefühlt haben muss. Steht man nach 72 Stufen endlich selbst am Ende der Wendeltreppe, bleibt einem bei dem überwältigenden Rundblick auf Stadt und Umland außer dem Atem auch die Spucke weg.
Santa Maria Novella | Borgo S.S. Apostoli 8 | Bus: Ponte Vecchio | Tel. 2 39 63 38 | www.hoteltorreguelfa.com | €€€

ESSEN UND TRINKEN
Aperitivi ad Arte
Kunst und Genuss – Es gibt in der Kunststadt eine Menge guter Plätze für den abendlichen Aperitif. Was das Prestige betrifft, kann es jedoch keiner mit der Panoramaterrasse der Uffizien

aufnehmen. Jedes Jahr zwischen Juni und September wird dort am Donnerstagabend die Jagd aufs kalte Buffet eröffnet. Die einzigen, die da noch mithalten könnten, sind der monumentale Innenhof des Bargello-Museums am Dienstagabend und der Blumenhof in der Galleria dell'Accademia am Mittwoch. Bei allen drei Locations gibt es quasi als Absacker noch einen Kurztrip zur Kunst.
– Santa Croce | Panoramaterrasse Uffizien | Piazzale degli Uffizi　🔖 F4
– Santa Croce | Bargello-Museum | Via Proconsolo 4　　　　　🔖 E3
– San Giovanni | Galleria dell'Accademia | Via Ricasoli 58–60　　🔖 F2
Anmeldung erforderlich: Tel. 8 00 42 45 00 oder 29 48 83 | www.polomuseale.firenze.it | tgl. 19–22 Uhr | Preis 15 €

Schmeckt lecker
In New York und in Berlin fast schon Alltag: Hobbyköche, die zum selbst gekochten Menü in die eigene Wohnung einladen. Nun hat der Trend auch die Arnostadt erreicht, wo sich die ungezwungenen Guerilla-Restaurants zu günstigen Preisen »No plate like home«, »Kampsecretkitchen« oder »Cuisine Collectif« nennen. Veranstaltet werden sie in der Stadtwohnung oder an einem schattigen Gartentisch in Hügellage. Sozusagen als Nachtisch gibt es zu den lokalen Leckereien Einblick in den Alltag und gute Tipps. Anmelden kann man sich auf Internetplattformen wie Eatwith oder auf den Webseiten der Anbieter vor Ort. Dann erhalten Sie kurzfristig Zeitpunkt, Ort und Menü per E-Mail mitgeteilt. Der Preis für ein mehrgängiges Menü variiert zwischen 25 und 40 €/Person.

www.eatwith.com, noplatelikehome.
wordpress.com, cuisinecollectif.eu,
www.kamp.it

EINKAUFEN
Antico Setificio Fiorentino C3
Karmesinrot, zitronengelb, lapislazuliblau und smaragdgrün – die Stoffballen in den Holzregalen der alten florentinischen Seidenwerkstatt leuchten in den schönsten Farben. Wie seit Jahrhunderten werden die edlen Brokate und schimmernden Damaste aus Abertausenden haarfeiner Kettenfäden in einem Hinterhof des San-Frediano-Viertels an den gleichen Jacquard-Handwebstühlen gefertigt. In den 1950er-Jahren vom Florentiner Modemacher Pucci erstmals gerettet, sorgt seit 2013 das Luxus-Label Ricci dafür, dass die poetischen Traumgewebe weiterhin Königshäusern in der ganzen Welt zu bewährtem Glanz verhelfen – zum Meterpreis von 1000 € aufwärts. Schauen ist zum Glück erlaubt, wenn auch zum Preis von 100 € pro Person und nach Verabredung.

Santo Spirito | Via Lorenzo Bartolini 4 | Bus: Sant'Onofrio | http://anticosetificio fiorentino.com

KULTUR UND UNTERHALTUNG
Arno-Impressionen E4
Lautlos mit dem Boot durchs Wasser gleiten, vorbei an majestätischen Stadtpalästen und unter dem dreibogigen Ponte Vecchio hindurch dem Sonnenuntergang entgegentreiben, während an den Uferrändern die Konturen zerfließen und die Skyline der Stadt Kopf steht. Den Touristen am Lungarno mit Prosecco zuprosten und dabei zusehen, wie zur blauen Stunde langsam die

Straßenlaternen angehen. Möglich machen solche Arno-Impressionen die »Renaioli« mit ihren langen Stangen, die wie schon seit Jahrhunderten auf ihren flachen Lastkähnen zwischen Ponte alle Grazie und Ponte della Carraia hin und her staken. Früher transportierten sie den Flusssand, heute füllen sie die Boote mit Menschen, die Florenz aus einer ungewohnten Perspektive erleben wollen.

Santa Croce | I Renaioli | Bus: Lungarno Diaz | Mobil 34 77 98 23 56 | www.renaioli.it | tgl 10–19.30 Uhr, Dauer 1 Std.

Genussvolle Studienreise F3
Nach Florenz fährt man (auch) der mediterranen Küche wegen. Damit die Gaumenfreuden nicht bloß köstliche Erinnerung bleiben, bieten zahlreiche Veranstalter verschiedenartigste Kochkurse an. Wie bei Vivarium wird dabei schon in einem halben Tag beim Käse-Kosten, in der Olivenöl-Schule oder beim Schokolade-Kurs der Geschmackssinn verfeinert, weihen Spitzenköche ihre Schüler in die Geheimnisse der Florentiner Kochkunst ein und zeigen Food-Experten, wie man lokale Fischarten zubereitet. Und was immer der Lehrplan hergibt, Gemüse

schnippeln, Fisch filetieren, Pastateig walken, das Resultat wird zum Schluss gemeinsam verzehrt. Preis pro Person: zwischen 50 und 100 €.

Santa Croce | Vivarium | Via dei Pepi 56r | Bus: Agnolo | Tel. 2 34 65 11 | www.vinaio.com

Kunst-Kurse in der Kulturstadt E3

Was unterscheidet Renaissancekunst von der mittelalterlichen Formensprache? Wie wird verhindert, dass sich die Farbe bei der Freskenmalerei, wie übrigens auch bei Leonardo da Vinci, schon nach kurzer Zeit von den Wänden ablöst? Wie bekommt man perspektivisch genau den Ponte Vecchio auf die Leinwand? Alles Fragen, die sich in Florenz jeder Kunstfreund irgendwann einmal stellt. Zum Glück findet man dort auch die Antworten. So organisiert die private Kunstschule Accademia del Giglio außer Kursen zu den unterschiedlichen Maltechniken kunstgeschichtliche Seminare, wo man neben der Theorie bei Museumsbesuchen auch das Schauen und Erkennen lernt. Dauer: zwischen 16 Std./Woche bis zu 9 Monaten Intensivunterricht.

Santa Croce | Accademia del Giglio | Via Ghibellina 116 | Bus: Agnolo | Tel. 2 30 24 67 | www.adg.it

Tuk Tuk-Tour mit der Blech-Biene

Auf einer gepolsterten Holzbank im Zweitakt durch die Innenstadt tuckern und die Stadt in Muße auf sich wirken lassen oder im »Gänseblümchenbetrachtungstrab« die schmalen Hügelstraßen zwischen Florenz und Fiesole erkunden, Geruch und Stimmung aufnehmen oder sich hinter die hohen Steinmauern rechts und links des Weges träumen. Solch sinnliche Urlaubsvergnügen bieten die City Tuk Touren mit kundigem Fahrer in der überdachten Luxusversion eines dreirädrigen Kleintransporters Ape.

Tuk Tuk Florence | Preis ca. 130 €/Person (3 Std.) | www.tuktukflorence.com

Der Stoff, aus dem die Träume sind: Nach traditionellen Methoden werden in der Seidenweberei Antico Setificio Fiorentino (▶ S. 50) kostbare Brokate, Samte und Damaste hergestellt.

FLORENZ
ERKUNDEN

Ponte Vecchio (▶ S. 96): Seit 1593 beherbergt er unter seinen Dächern Goldschmiede.

EINHEIMISCHE EMPFEHLEN

Die schönsten Seiten von Florenz kennen am besten diejenigen, die diese Stadt seit Langem oder schon immer ihr Zuhause nennen. Drei dieser Bewohner lassen wir hier zu Wort kommen – Menschen, die eines gemeinsam haben: die Liebe zu ihrer Stadt.

Edoardo Malagigi, Künstler und Kunstprofessor an der Florentiner Akademie

Am Treppenaufgang der **Biblioteca Laurenziana** neben der Kirche San Lorenzo bin ich immer wieder aufs Neue darüber erstaunt, wie es Michelangelo gelungen ist, die gewaltige Treppe in dem kleinen Raum unterzubringen und das Ganze harmonisch aussehen zu lassen. Einmal vor Ort, schaue ich mir meist seine neue Sakristei vorne in der Fürstenkapelle an, auch sie eine Hymne an die Harmonie. Niemals satt sehen werde ich mich auch am Innenhof von Brunelleschis **Istituto degli Innocenti**. Die Leichtigkeit der Formen ist überwältigend.

Der Neptunbrunnen auf der Piazza della Signoria (▶ MERIAN TopTen, S. 76) wurde anlässlich der Hochzeit von Francesco I. de' Medici mit Johanna von Österreich im Jahr 1565 errichtet.

Elisabetta Cappugi, Kunsthistorikerin und Stadtführerin

Als Kunsthistorikerin interessiert mich vor allem die Entstehungsgeschichte der Stadt. Nur so lässt sich Florenz begreifen. Nehmen wir den Kunstreichtum von **Santa Croce** ⭐, die eine Kirche fürs einfache Volk sein sollte. Der hl. Franziskus war seinerzeit einfach ein Star, und deswegen trug jeder etwas zu ihrer Verschönerung bei, auch die Patrizierfamilien, deren Hauskirche Santa Maria Novella war. Da viele der Kirchenbesucher weder lesen noch schreiben konnten, wurden die Bibelgeschichten auf die Wände gemalt. Kunst war schon immer eine Brücke, die unterschiedliche Kulturen miteinander verbindet. Es reicht, sich auf die **Piazza della Signoria** ⭐ zu stellen, und man versteht sofort, dass hier die Welt zu Besuch ist. Florenz besteht aus Kontrasten, aus einem Nebeneinander von Alt und Neu, von Tradition und Innovation, von Genialität und großer Kunstfertigkeit. Das merkt man gerade im **Palazzo Pitti** ⭐, einer herrlich unmodernen Repräsentationsgalerie.

»*Florenz besteht aus einem Nebeneinander von Alt und Neu, von Genialität und großer Kunstfertigkeit.*«

Elisabetta Cappugi

Mara Amorevoli, Kulturjournalistin

Als Sienesin habe ich mit Florentinern so meine Probleme. Ständig muss man sich vor ihrer scharfen Zunge in Acht nehmen, und alles wird zur Diskussion gestellt: ob das neue **Museum des 20. Jh.** oder der Bau der Straßenbahn. Und trotzdem, gerade als Journalistin liebe ich ihre spezifische Sprechweise, die auch Vasco Pratolini in seinen Büchern beschreibt: schlagfertig, frech, ironisch. So ist es wohl kein Zufall, dass ich heute in **Oltrarno** wohne, wo noch etwas von diesem Florenz gegenwärtig ist. Natürlich hat sich auch hier der Zeitgeist eingenistet: Die Hauspreise sind in die Höhe geschnellt, Läden mussten wegen der hohen Mieten schließen. Trotzdem gibt es noch Ecken, wo die Frauen abends ihren Stuhl für ein Schwätzchen vor die Haustür stellen. Man kennt sich, grüßt sich und fühlt sich beschützt.

Jetzt zu meinem Spezialgebiet: Kunst und Kultur. Privat gehe ich nur noch in die **Uffizien**, weil man vom Mittelkorridor einen wunderbaren Blick auf den Arno hat. Lieber schlüpfe ich zwischendurch in eins dieser Klöster mit den Abendmahldarstellungen: San Salvi, Ognissanti, Sant'Appolonia – Orte der Meditation.

QUARTIERE SAN GIOVANNI

San Giovanni, das sicherlich monumentalste der vier historischen Viertel, ist nach dem Stadtpatron Johannes dem Täufer benannt. Kein Wunder also, dass es von sakraler Baukunst beherrscht wird.

Gleichzeitig ist ein Spaziergang auch eine Begegnung mit der Renaissancewelt der Medici. Doch von welcher Seite man sich dem religiösen Mittelpunkt der Stadt, der Piazza del Duomo, auch nähert, das eindrucksvolle polychrome Marmorgebirge aus Dom, Glockenturm und Taufkapelle türmt sich unvermittelt vor einem auf.

KIRCHEN, KLÖSTER, KRANKENHÄUSER

Die Stadtväter wollten ihre gewaltige Kathedrale gemeinsam mit dem Campanile unbedingt neben ihrer Taufkapelle errichten und pressten beide daher regelrecht zwischen die bestehende mittelalterliche Bausubstanz. Aus diesem Grund begreift man erst aus der Distanz, zum Beispiel vom Garten der Villa Bardini, dass es sich um eins der harmonischsten Bau-Ensembles Italiens handelt.

◀ Spiel der Formen, Farben und Materialien:
der Dom Santa Maria del Fiore (▶ S. 59).

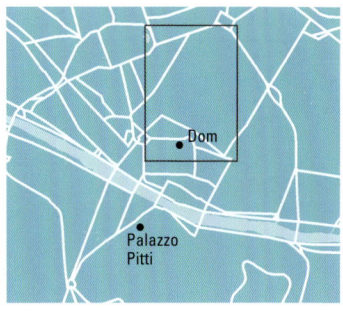

Doch auch die Römer errichteten am Nordrand ihrer Siedlung eine Kultstätte, und ganz in der Nähe wurde in frühchristlicher Zeit dann mit **San Lorenzo** 🟊 die erste Kathedrale von Florenz geweiht. Anfangs noch außerhalb der Stadtmauern, siedelten sich später dann mittelalterliche Mönchsorden und Glaubensgemeinschaften an, die ihre Klöster gründeten sowie Krankenhäuser bauten und dem Viertel zusätzlich ein religiöses Gepräge gaben.

SPIELWIESE DER MEDICI

Das Mittelalter ist heute kaum mehr präsent. Stattdessen stößt man rechts und links der Prachtstraße Via Cavour auf Zeugnisse der Früh- und Hochrenaissance. Brunelleschis Neubau der San-Lorenzo-Kirche oder Michelozzos richtungsweisende Klosteranlage **San Marco** 🟊 sind dabei nur die herausragendsten Beispiele. Das war vor allem Verdienst der Medici, die sich im 15. Jh. in Domnähe niederließen. Insgeheim längst die Herrscher der Stadt, finanzierte die Bankiersfamilie öffentliche Einrichtungen, um ihren schlechten Ruf aufzupolieren. Ihre Nachfolger aus dem Haus Lothringen setzten dieses Mäzenatentum später fort. Ihnen verdankt das Viertel u. a. das Archäologische Museum sowie die Galerie der Akademie, wo heute der unumstrittene Megastar der Kunstgeschichte, Michelangelos David, steht.

SINNESFREUDEN

Doch bleibt zwischen all den Kulturdenkmälern noch genug Platz für profanere Vorlieben. Vor allem in den Gassen zwischen Basilika San Lorenzo und Piazza Libertà, wo vorwiegend junge Leute und Emigranten wohnen, finden Shoppingfreunde, Gourmets und Nachteulen, was für sie zu einem gelungenen Urlaub gehört. Hauptattraktion ist seit der Neueröffnung im Winter 2014 der Lebensmittelmarkt Mercato Centrale (▶ S. 18). Dort schlendert man morgens im Erdgeschoss vorbei an überbordenden Verkaufsständen, während im Obergeschoss bis in den späten Abend toskanische Ess- und Trinkkultur in Reinform zelebriert wird.

SEHENSWERTES

1 Baptisterium San Giovanni E3

Die achteckige Taufkapelle, deren Grundstein 1052 gelegt wurde, ist Stein gewordener Beleg für den wachsenden Reichtum von Florenz. Schon sehr früh wurde hier auch außen die sogenannte Inkrustationskunst angewendet: die mehrfarbige Verschalung der Wände mit geometrisch angeordneten, dünnen Marmorplatten, für die Florenz berühmt werden sollte. Gleichzeitig war die antik-römische Bauweise der ersten Florentiner Kathedrale mit Säulen, Kapitellen und marmorner Innenwandverkleidung während des Investiturstreits zwischen Kaiser und Kirche auch ein Bekenntnis zum Papst. Im prachtvoll ausgestatteten Inneren, vor allem in der mit biblischen Mosaikmotiven reich geschmückten Kuppel, kommt hingegen der Geist des Mittelalters zum Tragen. Das gilt auch für zwei der drei künstlerischen Großleistungen, das bronzene Südportal von Andrea Pisano (ab 1332) mit Szenen aus dem Leben Johannes des Täufers und das knapp 100 Jahre später vollendete Nordportal von Lorenzo Ghiberti mit Szenen aus dem Neuen Testament. Die 1425 begonnene, dem Dom zugewandte »Paradiestür«, ebenfalls von Ghiberti, gilt aufgrund der realistischen Darstellung der Figuren und ihrer präzisen Gießtechnik als Meisterwerk der Frührenaissance. Die Originale werden im Dommuseum aufbewahrt.

Piazza San Giovanni | Bus: Duomo | www.ilgrandemuseodelduomo.it | Mo–Sa 11.15–18.30, So und 1. Sa im Monat 8.30–13.30 Uhr | Eintritt für Taufkapelle, Domkrypta und Campanile 15 €

★ Basilika San Lorenzo E2

Die einfache Fassade aus groben Rustika-Blöcken täuscht. Dahinter verbirgt sich eins der wichtigsten Gotteshäuser von Florenz und gleichzeitig eine architektonische Revolution. Eine Feuersbrunst hatte die im Jahr 393 geweihte, erste Florentiner Kathedrale zerstört. Da beschloss der in der Nachbarschaft wohnende Bankier Bicci Medici Anfang des 15. Jh., die Hauskirche seiner Familie auf eigene Kosten wieder aufzubauen. Als Baumeister verpflichtete er den damals kaum bekannten Filippo Brunelleschi, der im dreischiffigen Innern dann etwas völlig Neues schuf: ein kühles, nüchternes Ambiente mit mathematisch strengen Proportionen und antiken Bauelementen – Kapitelle, Säulen, Ornamente. Die »alte Sakristei«, ein harmonischer Kuppelbau, gilt daher als erster Zentralbau der Renaissance. Hinreißend sind auch das ausdrucksstarke Bronzerelief von Donatello an der Vorderseite der Kanzel und das Altarbild von Filippo Lippi. Vorne links geht es in die von Michelangelo entworfene Biblioteca Laurenziana, die eine der kostbarsten Handschriftensammlungen der Welt hütet. Leider ist sie nur bei Sonderausstellungen geöffnet. Die ebenfalls von dem Bildhauergenie entworfene »neue Sakristei« (1516–1520) und die 1604 von Francesco I. de' Medici in Auftrag gegebene Kapelle für die Familiengräber erreicht man nur über einen Extraeingang auf der Rückseite der Basilika.

Piazza San Lorenzo 9 | Bus: San Lorenzo | www.operamedicealaurenziana.org | Mo–Sa 10–17, im Sommer auch So 13.30–17 Uhr | Eintritt 4,50 €, mit Biblioteca Laurenziana 7 €, Kinder frei

Quartiere San Giovanni | 59

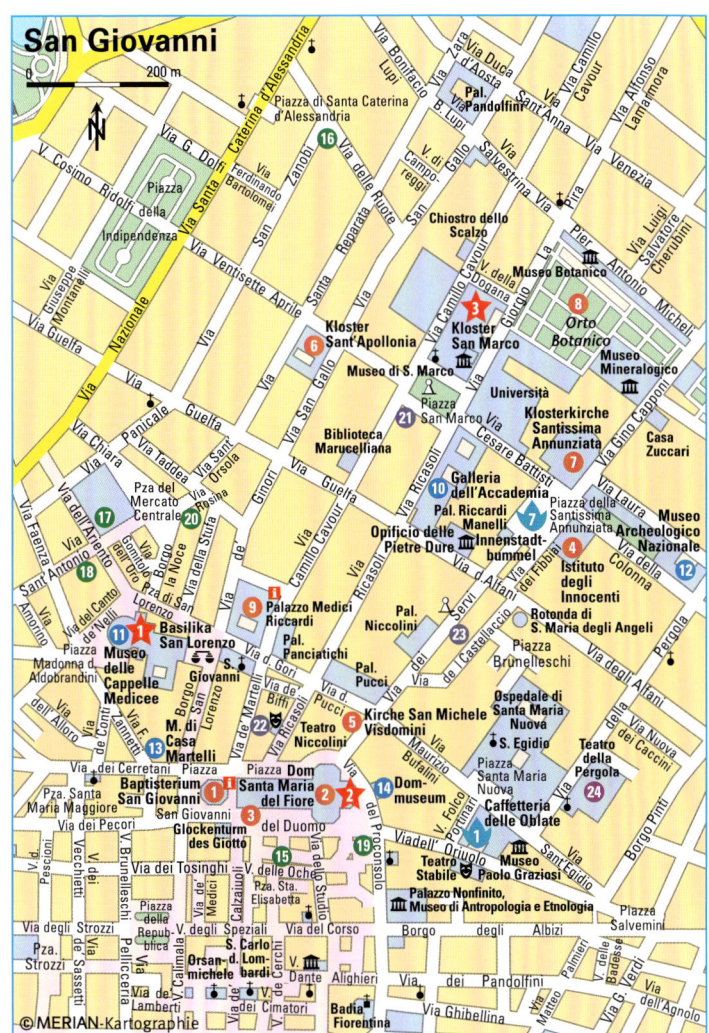

2 Dom Santa Maria del Fiore E3

»Da hat mal wieder jemand einen Dom bauen wollen«, spotten die Florentiner, wenn einer mit der Arbeit nicht fertig wird. Schließlich schien auch der Bau der Kathedrale, eines der genialsten und revolutionärsten mittelalterlichen Bauwerke, damals nicht fertig zu werden. Die Taufkapelle war längst fertig, als die Stadtväter Ende des 13. Jh. beschlossen, über der bereits bestehenden San-Reparata-Kirche zu Ehren der Muttergottes ihren Dom zu errichten, schöner und größer als alles zuvor Dagewesene. Den Auftrag erhielt Arnolfo di Cambio, der im Hochmittelalter mit seinen Bauten das Stadtbild von Florenz prägte. Er begann 1296 mit der Fassade, während in der alten Kirche dahinter weiterhin die Messe gelesen wurde. Doch nicht einmal sie konnte er beenden, da er 1302 verstarb. Immer wieder unterbrochen von längeren Pausen lösten sich in den folgenden 150 Jahren zahlreiche Bauleiter, darunter Giotto di Bondone und Francesco Talenti, ab und veränderten ständig das Originalprojekt. Erst Filippo Brunelleschi gelang es am 30. August 1436, die achteckige Öffnung zum Himmel zu schließen. Er mauerte darüber, in immer kleineren, immer stärker geneigten Ringen, eine frei schwebende **Kuppel** von 45 m Durchmesser. Bis heute ist nicht ganz klar, wie ihm das nur mithilfe eines Hängegerüstes gelingen konnte. Wer schwindelfrei ist, kann heute die 463 Stufen zur Kuppel hochsteigen und erhält dabei interessante Einblicke in ihr Innenleben.

Die von Arnolfo di Cambio geplante Fassade mit zahlreichen Skulpturen wurde nie vollendet. Stattdessen entschied man sich 1871, die groben Rustika-Quader im mittlerweile bewährten Inkrustationsstil mit dreifarbigen Marmorplatten zu verkleiden, was nicht allen Florentinern gefällt. Unumstritten ein Meisterwerk ist dagegen die reich geschmückte Porta della Mandorla (15. Jh.) von Nanni di Banco an der linken Außenwand, an der Donatello mitarbeitete.

Das Innere des Doms, in dem bis zu 25 000 Menschen Platz finden, ist verhältnismäßig schlicht. Erwähnenswert sind nur die Glasfenster nach Entwürfen von Donatello, Lorenzo Ghiberti und Paolo Uccello, das eher beeindruckende als schöne Kuppelgemälde von Giorgio Vasari und Federico Zuccari sowie die Reste der Kirche Santa Reparata unten in der Krypta.

Sämtliche Originalskulpturen, darunter die Sängerkanzeln von Donatello und Luca della Robbia, befinden sich wie die nie angebrachten Fassadenskulpturen im Dommuseum und können dort besichtigt werden.

Piazza del Duomo | Bus: Duomo | www.ilgrandemuseodelduomo.it | Mo–Mi, Fr 10–17, Do 10–16, Sa 10–16.45, So 13.30–16.45 Uhr | Eintritt frei

3 Glockenturm des Giotto   E 3

Nach längerem Baustopp, bedingt durch den Tod von Arnolfo di Cambio, wurde 1334 der Maler Giotto zum Leiter der Dombauhütte berufen. Noch im selben Jahr begann er mit der Konstruktion des 85 m hohen Glockenturms, den Andrea Pisano weiterbaute und Francesco Talenti im Jahr 1359 fertigstellte. Das Meisterwerk der florentinischen Gotik war derart reich und kostbar gestaltet, dass Kaiser Karl V. Mitte des 16. Jh. bei einem Besuch geraten haben soll, ihn unter eine Glasglocke zu stellen. 414 Stufen bringen die Besucher hinauf zur Spitze. Dort oben spüren Sie zwar Ihre Waden, dafür liegt Ihnen Florenz zu Füßen.

Piazza del Duomo | Bus: Duomo | www.ilgrandemuseodelduomo.it | tgl. 8.30–18.50 Uhr | Eintritt für Taufkapelle, Domkrypta und Campanile 15 €

④ Istituto degli Innocenti 🔖 F 2

Der Seidenhandel hatte Francesco Datini reich gemacht. Als der aus Prato stammende Kaufmann im Jahr 1410 starb, hinterließ er der Florentiner Stadtrepublik eine stattliche Summe mit der Auflage, sie für Kinder zu verwenden, die täglich unter Brücken und vor Kirchen ausgesetzt wurden. So erhielt Florenz als erste italienische Stadt ein Waisenhaus, wo ab 1445 unerwünschte Säuglinge in der Babyklappe abgegeben werden konnten. Filippo Brunelleschi, der den Auftrag dafür erhielt, machte ihn zum ersten profanen Renaissancebau. Vor allem der vorgelagerte Säulengang mit seiner strengen Symmetrie unterstreicht den Rückgriff auf die Antike. Die Terrakotta-Medaillons mit Wickelkindern, die Andrea della Robbia im Jahr 1487 anfertigte, sind nach wie vor aktuell. Denn der hintere Teil ist als Hort und Heim weiterhin Kindern vorbehalten. Im zweiten Stock ist außerdem eine kleine Sammlung hochkarätiger Kunstwerke untergebracht: Gemälde und Skulpturen, die von wohltätigen Bürgern gestiftet wurden, um das Waisenhaus zu finanzieren.

Piazza SS. Annunziata 12 | Bus: SS. Annunziata | www.istitutodeglinnocenti.it | Mo–Sa 9–18.30 Uhr | Eintritt 3 €

⑤ Kirche San Michele Visdomini 🔖 E 3

Die Hauskirche der Patrizierfamilie Pucci, deren Namen man heute vor allem aus der Modebranche kennt, führt vor, dass in dieser Stadt die unscheinbarsten Gotteshäuser wahre Schatztruhen sein können. Hier strahlt den Be-

Ein majestätischer Anblick: Der prachtvolle Palazzo Vecchio mit seinem markanten Arnolfo-Turm beherrscht die Piazza della Signoria (▶ MERIAN TopTen, S. 76).

suchern auf der rechten Seite ein restaurierter Pontormo in wunderbaren Farben entgegen.
Piazza S. Michele Visdomini 1 | Bus: Via de Pucci | tgl. 8–12 und 15–18 Uhr

Kloster San Marco F2

Die meisten Besucher kommen in das Dominikanerkloster wegen der großartigen Fresken, mit denen Malermönch Beato Angelico die Zellen im ersten Stock dekorierte. Dabei hat der Komplex aus Kirche, Konvent und Kreuzgängen weitaus mehr zu bieten. Das Verdienst gebührt Auftraggeber Cosimo de' Medici und seinem Architekten Michelozzo di Bartolomeo, die ab 1434 aus dem von Vallombrosanern errichteten Vorläuferbau eine Art humanistisches Kulturzentrum machten. Dazu gehörte beispielsweise die erste öffentliche Bibliothek des Landes, wo sich später dann die Platonische Akademie versammelte. Dieser Gesprächskreis aus Gelehrten und Künstlern hatte es sich zur Aufgabe gemacht, die Demokratisierung von Bildung zu fördern. Ende des 15. Jh. lebte hier auch der fanatische Bußprediger Girolamo Savonarola, der eine moralische und politische Erneuerung der Florentiner Gesellschaft wollte. Sein Feldzug gegen das Luxusleben unter den Medici-Fürsten, der darin gipfelte, dass Bücher verbrannt wurden und Künstler ihre eigenen Werke zerstörten, endete am 23. Mai 1498 jedoch auf dem Scheiterhaufen.
Piazza San Marco 3 | Bus: San Marco | www.polomuseale.firenze.it | Mo–Fr 8.15–13.50, Sa, So 8.15–16.50 Uhr | Eintritt 4 €, erm. 2 €

Detail des Renaissancegemäldes »Madonna der Schatten« von Fra Angelico. Das Bild im Kloster San Marco (▶ MERIAN TopTen, S. 62) zeigt die Heiligen Johannes, Thomas und Lorenz.

6 Kloster Sant'Apollonia E2

Der Künstler Andrea del Castagno erhielt 1447 den Auftrag, in dem Kamaldulenserinnenkloster eine Abendmahldarstellung auf die rückwärtige Wand des Refektoriums zu malen. Das Resultat besticht durch eine realistische und perspektivisch genaue Darstellung gerade der architektonischen Details.

Via XXVII Aprile 1 | Bus: Santa Reparata | www.polomuseale.firenze.it | tgl. 8.15–13.50 Uhr | Eintritt frei

7 Klosterkirche Santissima Annunziata F2

Die ursprünglich mittelalterliche Kirche, die zunächst im 15. Jh. und dann erneut in der Barockzeit grundlegend umgestaltet wurde, überrascht im Innern: Beispiele sind die goldene Deckenbemalung und der Kreuzgang mit Votivgaben, durch eine für Florenz ungewöhnliche Prunkentfaltung. Ein als wundertätig geltendes Madonnenbild, an dem ein Engel mitgemalt haben soll, sowie weitere Mariendarstellungen von Pontormo, Rosso Fiorentino, Andrea del Sarto, Bronzino und Giorgio Vasari, machen sie zum Pilgerziel.

Piazza SS. Annunziata | Bus: SS. Annunziata | http://annunziata.xoom.it | tgl. 7.30–12.30, 16–18.30 Uhr

8 Orto Botanico, auch Giardino dei Semplici F2

Der Heilkräutergarten neben dem San-Marco-Kloster ist der Leidenschaft eines Medici-Fürsten für die Wissenschaften zu verdanken. Wie vorher bereits in Pisa und Padua, sollten im 16. Jh. Medizinstudenten hier die Möglichkeit erhalten, heilende Pflanzen zu studieren. Später kamen noch exotische Gewächse dazu, die in Treibhäusern kultiviert wurden. Ein zehnminütiger Hagelsturm im November 2014 genügte, um 90 % des Bestandes zu beschädigen.

Via Pier Antonio Micheli 3 | Bus: Venezia | April–Okt. tgl. 10–19, Nov.–März Sa–Mo 9.30–16.30 Uhr | Eintritt 3 €

9 Palazzo Medici Riccardi E2

Der mächtige Medici-Palast aus Bossenwerk, bei dem Geschosshöhe und Mauerrelief nach oben kontinuierlich abnehmen, gilt als Prototyp der Florentiner Frührenaissance-Architektur. Familienvorstand Cosimo der Ältere hatte ihn 1444 bei seinem Hausarchitekten Michelozzo di Bartolomeo in Auftrag gegeben. In Sichtweite des Doms sollte er ihm als Wohn- und Geschäftshaus dienen. Deswegen bekam er im Eckbereich des Grundgeschosses zunächst auch eine offene Loggia, die 1517 allerdings wieder geschlossen wurde. Die steinernen Sitzbänke an der Außenwand waren für Anhänger der Familie bestimmt. Indem sie sich dort niederließen, konnten sie ihre Gefolgschaft zum Ausdruck bringen.

Über einen schönen Innenhof gelangt man zu einem wahren Schmuckstück im ersten Stock, der Medici-Kapelle. Ihre Wände wurden im Jahr 1459 von Benozzo Gozzoli vollständig mit farbenfrohen Fresken bemalt. Dort ist beispielsweise der erst zehnjährige Lorenzo de' Medici beim Dreikönigszug abgebildet, eine Art Marketing-Aktion, mit der die Medici sich ihren eigenen Mythos schufen.

Via Cavour 1 | Bus: Via de Pucci | www.palazzo-medici.it | Do–Di 9–19 Uhr | Eintritt 7 €, Kinder 4 €

MUSEEN UND GALERIEN
- ⑩ **Galleria dell'Accademia** ▶ S. 111
- ⑪ **Museo delle Cappelle Medicee** ▶ S. 112
- ⑫ **Museo Archeologico Nazionale** ▶ S. 112
- ⑬ **Museo di Casa Martelli** ▶ S. 112
- ⑭ **Museo dell'Opera di Santa Maria del Fiore (Dommuseum)** ▶ S. 115

ESSEN UND TRINKEN
RESTAURANTS

⑮ **Coquinarius** E3

Rettungsanker – Sie sind in Domnähe und Ihnen ist vor lauter Kunst und Kultur flau zumute? In dieser Mischung aus Weinbar und Esslokal finden Sie Abhilfe: ein freundliches Ambiente, um abzuschalten, sowie abwechslungsreiche Antipasti-Teller oder leichte Fleischgerichte.

Via delle Oche 11r | Bus: Tosinghi | Tel. 2 30 21 53 | www.coquinarius.it | tgl. 12.30–15.30, 18.30–23 Uhr | ♿ | €€€

> **Caffetteria delle Oblate** ①
>
> Im Café des ehemaligen Frauenklosters stört sich niemand daran, wenn Sie sich in der offenen Dachloggia einfach nur an einen Tisch setzen, um den prachtvollen Blick auf die nahe Domkuppel zu genießen (▶ S. 12).

⑯ **Le Fate e le Stelle** E1

Astrologische Küche – Ein veganes Restaurant, wo für jedes Tierkreiszeichen ein eigenes Gericht bereitsteht und wo Serenella und Annalisa auch für alle vier Elemente eine eigene Speisenfolge komponiert haben.

Via San Zanobi 126r | Bus: San Zanobi | Tel. 3 84 19 98 | www.ristorantevegano lefate.it | Mo–Sa 8.30–24 Uhr | ♿ | €€€

⑰ **Mercato Centrale Firenze MCF** E2

Unter gusseisernem Himmel – Seit Ende 2014 gibt es in der alten Markthalle von San Lorenzo Fastfood auf Florentiner Art. Im oberen Stock bereitet man lokale Spezialitäten wie den Gemüseeintopf »Ribollita« oder die Labmagen-Brötchen »Lampredotto« zu. Man holt sich die Speisen am Tresen und bestellt dazu Chiantiwein.

Via dell'Ariento | Bus: San Lorenzo | www.mercatocentrale.it | tgl. 10–24 Uhr | ♿ | €

WEINBARS

⑱ **Casa del Vino** E2

In der ehemaligen Apotheke wird heute Wein ausgeschenkt. Dazu gibt es toskanische Leckerbissen für wenig Geld. Kein Wunder also, dass sich abends die Gäste vor dem Eingang drängeln.

Via dell'Ariento 16r | Bus: San Lorenzo | Tel. 21 56 09 | www.casadelvino.it | Mo–Sa 9.30–20.30 Uhr

⑲ **Edoardo** E3

In dieser Eisdiele im Nostalgie-Look haben alle Eissorten ein Bio-Zertifikat.

Piazza del Duomo 45r | Bus: Proconsolo | Tel. 28 10 55 | www.edoardobio.it | tgl. 11–23 Uhr

⑳ **Trattoria da Mario** ▶ S. 30

EINKAUFEN
BACKWAREN

㉑ **Focacceria Pugi** ▶ S. 37

Quartiere San Giovanni | 65

Ein idealer Ort, um sich mit Blumen oder kulinarischen Köstlichkeiten für zu Hause einzudecken: Der Mercato Centrale Firenze (▶ S. 64) öffnet seine Pforten von Montag bis Samstag.

DELIKATESSEN
22 Eataly E 3
Nicht jedem gefällt dieser Supermarkt für italienische Delikatessen. Schließlich gibt es in Florenz an fast jeder Straßenecke kleine Läden mit einem reichhaltigen Angebot regionaler Spezialitäten. Trotzdem soll er hier erwähnt werden, schließlich ist er herrlich bequem. Auf drei Etagen finden Sie alles, was das Feinschmecker-Herz begehrt: Schinken, Salami, Käse, Wein, Olivenöl, Kaffee, Obst und Gemüse, Gewürze usw. Natürlich kann man auch online shoppen.

Via Martelli 22r | Bus: Duomo | www.firenze.eataly.it | tgl. 10–22.30 Uhr

HAUSHALTSWAREN
23 Bartolini E/F 2
Generationen von Florentinern haben in diesem Traditionshaus ihren Haushalt ausgestattet und sind ihm auch nach dem Umzug treu geblieben.
Via dei Servi 72 | Bus: Santa Maria Nuova | www.dinobartolini.it | Mo–Sa 10–19.30 Uhr

KULTUR UND UNTERHALTUNG
24 Teatro della Pergola ▶ S. 42

Im Fokus
Florentinisches Kunsthandwerk

Florenz und seine »artigiani« – eine Jahrhunderte andauernde Erfolgsgeschichte kämpft seit Jahrzehnten ums Überleben. Doch noch bieten die hoch spezialisierten Handwerker aus der Stadt der Kunst und Kunstfertigkeit der günstigen Konkurrenz aus Asien die Stirn.

»Vor meinen Vorgängern kann ich mich nur verneigen.« Marcello del Colle steht auf dem schmalen Gang, der in luftiger Höhe das Domdach umläuft und studiert das fein gedrechselte Marmorband, das die Dachziegel abschließt. Selbst Steinmetz, weiß der Leiter der Dombauhütte, wie schwer es ist, Marmor mit Hammer und Meißel zu bearbeiten. Daher erstaunt es ihn immer von Neuem, mit welcher Präzision vor 700 Jahren Marmorarbeiter millimeterdünne Girlanden gleich meterweise aus dem Stein gehauen haben. »In jedem Detail des Domes, der Taufkirche und des Glockenturms steckt ein Können, das sich mit Liebe zum Handwerk allein nicht erklären lässt.« Seiner Meinung nach hätten alle Beteiligten, von Brunelleschi bis zum Steinmetzlehrling, sich damals einen Wettbewerb um Vervollkommnung geliefert. »Bei der Madonna an der Hauptfassade habe ich einmal erfühlen können, dass selbst die Ohrläppchen unter ihrem kurzen Schleier herausgearbeitet worden waren. Heute unvorstellbar, denn das wird niemals jemand zu sehen bekommen.«

◄ Traditionsberufe wie der des Geigenbauers
sind in Santo Spirito noch präsent.

Schon im Mittelalter verkörpern die Florentiner Handwerker die ideale Symbiose von Kunst und Handwerk. Sie weben die kostbarsten Seiden- und Brokatstoffe, kreieren die raffiniertesten Schmuckstücke, produzieren die elegantesten Lederwaren und bringen Reichtum in die Stadt. Gerbergesellen aus ganz Europa kommen daher in die Arnostadt, um bei den lokalen Meistern das Fantasie-Lederhandwerk zu lernen.

ZUSAMMENSCHLUSS IN GILDEN

Ende des 12. Jh. schließen sich die ersten Handwerker, Steinmetze und Goldschmiede, Seidenweber und Zimmerleute zu Gilden zusammen, um die Produktion und den Handel zu regeln. Jede ist wie ein kleiner Staat organisiert, mit Räten, Statuten und Versammlungen. Bereits nach kurzer Zeit mischen sie in der Politik mit, sind durch ihre Prioren in der Regierung der Stadtrepublik vertreten oder verhelfen, wie die Wollweber nach dem ersten Arbeiterstreik der europäischen Geschichte, den noch unbedeutenden Medici zu ihrem ersten öffentlichen Amt. Immer häufiger spielen sie auch als Auftraggeber und Mäzene eine wichtige Rolle für die kulturelle und künstlerische Entwicklung der Stadt, finanzieren Kirchen, Klöster und Wohltätigkeitseinrichtungen. Wer heute durch die historische Innenstadt spaziert, stößt überall auf Spuren aus ihrer Geschichte: Prachtbauten wie Orsanmichele, Kirche und Kornkammer zugleich, an den Außenseiten die Schutzheiligen der Zünfte – Skulpturen von Donatello und Ghiberti –, das von der Seidenweberzunft finanzierte Findelhaus, weil es einer reichen Stadt nicht ansteht, dass Kinder ausgesetzt werden, die vielen Straßennamen, die davon erzählen, wo einmal die Färber, Weber, Gerber und Metallarbeiter gewohnt und gearbeitet haben.

KUNST + HANDWERK = KUNSTHANDWERK

Arte und Arti – Kunst und Zünfte. Schon die italienische Sprache verrät, dass während der Frührenaissance die Grenze zwischen Handwerker und Künstler noch fließend ist. Auch die Trennung von Kunst als intellektuellem Phänomen und Handwerk als etwas Mechanischem existiert nicht. Malerei und Bildhauerei gehören zu den angewandten, nicht zu den freien Künsten, und Kunstschaffende wie Cimabue und Verrocchio sind in der Regel die besten ihrer Zunft. Sie arbeiten nicht in Ateliers, sondern in Werkstätten. So lernt Donatello, wie fast alle Bildhauer seiner Zeit, zunächst das Goldschmiedehandwerk und fertigt für seine Auftraggeber auch später noch schon mal Silberspiegel an, verdient sein Malerkollege Botticelli einen Teil seines Unterhaltes mit dem Dekorieren von Hochzeitstruhen und entwirft Filippo Lippi die poetischen Stoffmuster für die Seidenweberzunft. Es ist eben eine Zeit, in der ein besticktes Kirchengewand, für das Antonio del Pollaiuolo fromme Motive aus dem Leben von Johannes dem Täufer zeichnet, nicht minder geschätzt wird als eine bemalte Holztafel des Ghirlandaio und in der für feinste Tischwäsche oft genauso viel bezahlt wird wie für das Gemälde eines Zeitgenossen, selbst wenn er Giotto heißt.

BLÜTEZEIT DER HANDWERKSKUNST

In der Hochrenaissance unter den Medici erlebt die florentinische Handwerkskunst dann ihre Blütezeit. Als die Fürsten 1550 vom Palazzo Vecchio in ihre prächtige Residenz Palazzo Pitti auf die südliche Arnoseite umziehen, folgen ihnen viele der wichtigen Familien. Zwischen Via Maggio und Via dei Serragli errichten auch sie neue Paläste und beauftragen Vergolder, Graveure, Gold- und Silberschmiede, Holzschnitzer und Mosaikarbeiter, sie aufs Kunstvollste zu dekorieren. Weil das oftmals über Jahre dauert, lassen sich die Handwerker ebenfalls in Oltrarno nieder. Seitdem gilt das Viertel rund um Santo Spirito als ihre Domäne. Bis heute kann man in den ehemaligen Fürstengemächern im Palazzo Pitti sehen, zu welchen Höchstleistungen die örtlichen Handwerker fähig waren. In der herrlich altmodischen Repräsentationsgalerie, in der jeder Quadratzentimeter Wand mit Kunstwerken bedeckt wurde, ist ein vergoldeter Spiegel oftmals ebenso eindrucksvoll wie ein Gemälde und nimmt es ein Tisch, der mit vielfarbigem Florentiner Steinmosaik verziert wurde, was Schönheit und Eleganz betrifft, mit jeder antiken Skulptur auf.

DER PREIS BESTIMMT DAS SEIN

Noch in der zweiten Hälfte des 20. Jh. gelten die Florentiner weltweit als »Michelangelos der Handwerkskünste«. Gerade die noch junge Modebranche vertraut sich ihrem angeborenen Sinn für die schöne Form an und lässt Modelle und Accessoires in ihren Manufakturen herstellen. Einigen von ihnen, dem Lederhandwerker Gucci, dem Schneider Emilio Pucci und dem Schuster Ferragamo, gelingt dabei der Aufstieg zu stilbildenden Modeikonen. Andere finden ihre Nische im Luxussegment, wo man jahrelange Erfahrung und Hingabe zum Detail noch zu schätzen weiß. Sie fertigen feinste Tisch- und Bettwäsche für die Film-VIPs, handgewebte Textilien für Königshäuser oder exklusive Ledersets für Vorstandsschreibtische. Ein Großteil der Werkstätten, die seit Generationen vom Vater auf den Sohn weitervererbt wurden, bleibt jedoch auf der Strecke. Zu wenig Nachfrage und kaum Nachwuchs, denn jungen Leuten ist die Arbeit an Schneidetischen, Webstühlen und Werkbänken meist zu mühevoll und schmutzig. Wo kundige Hände vormals Rahmen vergoldeten, Musikinstrumente reparierten, Vasen bemalten, Chorgestühl schnitzten und Silberschalen ziselierten, bestimmt nun der Preis über das Sein. In den ehemaligen Werkstätten werden »Panini« oder »Gelato« verkauft oder locken Auslagen voller Handtaschen, Krawatten und Halstücher in modischen Farben, billig und von Laden zu Laden gleich. Ist die Ware nicht direkt aus China importiert, wird sie zumindest von Chinesen in der Nachbarstadt Prato hergestellt.

TRADITIONELLE TECHNIK MEETS NEUE FORM

Trotz – oder gerade wegen – der Wirtschaftskrise trotzen weiterhin Erben der Handwerker dem Billighype. Immer häufiger gehen junge Leute wieder bei einem Metallgraveur, Holzschnitzer, Schuhmacher oder Bildrestaurator in die Lehre, um anschließend Altes zu restaurieren oder Traditionelles modern zu interpretieren. Einige haben es, wie die drei Superduper-Hutstylisten mit ihren hippen Kopfbedeckungen, die Glasperlen-Weberin Aprosia, die Deutsche Saskia Wittmer, die ihren Kunden feinste Maßschuhe verpasst, oder Dimitri Villoresi, dem man seine eleganten, nachhaltig gegerbten Ledertaschen regelrecht abschwatzen muss – auch wieder in die oberste Liga geschafft.
Damit Florenz nicht noch mehr von diesem wichtigen Kulturgut verliert, das viel von seinem besonderen Appeal ausmacht, finanzieren ausländische Sponsoren wie die Context-Foundation Ausbildungsstipendien oder organisieren Einheimische wie Prinzessin Corsini ein jährliches Handwerksevent, wo sie Exzellenzen Florentiner Kunstfertigkeit einem interessierten Publikum präsentiert. Davon hat auch die Schmuckkünstlerin Negar Azhar Azari profitiert. Es hat der in Florenz geborenen Tochter iranischer Einwanderer für sechs Wochen Einlass in die Werkstatt von Giuliano Ricchi beschert, und sie hat von ihm gelernt, wie man Metall graviert. Kürzlich hat sie nur ein paar Blocks davon entfernt ihre eigene Schmuckwerkstatt eröffnet und bezaubert ihre Fans mit kunstvoll ziselierten Broschen und mit Ketten, die sie aus dünnen Silberfäden häkelt. Liebhaber seien allerdings vorgewarnt: Zum Schnäppchenpreis gibt es so etwas natürlich nicht.

QUARTIERE SANTA CROCE

Im heutigen Florenz der Postkartenmotive, dem Zentrum mit den Piazze Signoria, Santa Croce und Orsanmichele, befanden sich in der Vergangenheit die politischen und wirtschaftlichen Schaltzentralen der Stadt.

Noch zu Beginn des letzten Jahrhunderts machte der Florentiner Schriftsteller Vasco Pratolini die Gassen zwischen der Basilika **Santa Croce** ⭐ und dem Ponte Vecchio zum Schauplatz für seinen Bestseller »Chronik armer Liebesleute«. Darin erzählte er von den Sorgen der kleinen Leute. Wie schon die Straßennamen verraten – Corso Tintori (dt. Färbergasse) und Via dei Cimatori (dt. Weberstraße) –, lebten und arbeiteten in den schmalen, hohen Häusern seit dem Mittelalter vorwiegend Textilarbeiter und kleine Handwerker, die seit jeher das Rückgrat der lokalen Wirtschaft bildeten. Für sie errichteten die Franziskanermönche östlich vom Altstadtkern ihre riesige Hallenkirche und legten davor den schönsten Platz der Stadt an, um fröhliche Feste und politische Gemeinsamkeit zu inszenieren. Fast noch in Sichtweite erheben sich auch die trutzigen Symbole republikanischer Macht. In der Stadtburg Palazzo Bargello, in den

◀ Bühne des bürgerlichen Lebens: die Piazza della Signoria (▶ MERIAN TopTen, S. 76).

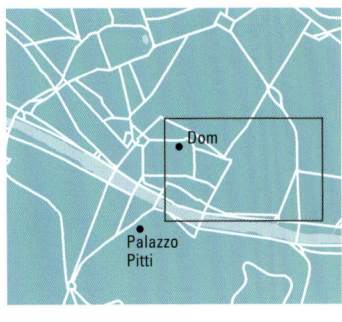

Zunfthäusern rund um die Kirche Orsanmichele und im Rathaus **Palazzo Vecchio** 🟊 schuf man im Mittelalter die Grundlagen dafür, dass die Stadtrepublik zur führenden Wirtschaftsmacht Europas aufstieg, mit der ersten demokratischen Verfassung nach der Antike, immens reich und von grenzenloser Kreativität in allen Bereichen des Lebens und der Kunst.

TOURISTENHOCHBURG UND AMÜSIERMEILE

Das Hämmern und Sägen zwischen Palazzo Vecchio und Piazza Santa Croce ist verstummt, und traditionelle Handwerksbetriebe, wie die Lederwerkstatt von Simone Taddei, sind selten geworden. An ihrer Stelle haben sich Souvenirläden, Lederwarenshops und Panini-Bars eingenistet und buhlen längs des touristischen Mainstreams um die Gunst der Besucher. Es geht auch anders. Kaum biegt man ab und lässt sich im touristischen Abseits durch die Gassen treiben, entdeckt man stille Klosterhöfe, stößt auf kleine Ateliers, die ihre eigene, hippe Mode schneidern, und kann sogar hier und da wieder jungen Leuten in ihren Ladenwerkstätten dabei zuschauen, wie sie ein altes Handwerk modern interpretieren.

SEHENSWERTES

❶ Badia Fiorentina   ▶ E 3

Die älteste Abtei von Florenz mit dem graziösen sechseckigen Spitzturm wird kaum beachtet. Dabei war gerade sie im Mittelalter der absolute Mittelpunkt des religiösen und gesellschaftlichen Lebens. Gestiftet 978 von den Markgrafen von Tuszien, wurde sie 1290 nach einem Entwurf von Arnolfo di Cambio gotisch erneuert und 400 Jahre später noch einmal im Barockstil umgebaut. Dabei verlegte man den Haupteingang von der Via Proconsolo in die Via Dante Alighieri. In der napoleonischen Besatzungszeit wurde sie, wie zahlreiche florentinische Klöster, aufgelöst und anschließend bis weit ins 20. Jh. als Wohnraum und Warenspeicher zweckentfremdet. Heute nutzt die Monastische Gemeinschaft von Jerusalem die Abtei. Im Kircheninnern sehenswert sind ein Frühwerk von Filippo Lippi links vom Eingang und das eindrucksvolle Grabmal des Markgrafen Hugo von Tuszien von Mino da Fiesole. Vorne am Altar geht es rechts zum Chiostro degli Aranci, dem

Kreuzgang (1432) von Bernardo Rossellini, wo ausdrucksstarke Fresken das Leben des hl. Benedikt erzählen.
Via Dante Alighieri | Bus: Ghibellina | Mo 15–18 Uhr

❷ Corridoio Vasariano   D 4–E 4

In wenigen Monaten baute der Renaissancearchitekt Giorgio Vasari 1565 einen 1000 m langen Gang zwischen Palazzo Pitti und Palazzo Vecchio für den Medici-Fürsten Cosimo I. Er führte hinter den Nachbarpalästen her, an der Fassade der Kirche Santa Felicità vorbei, über die Dächer der Werkstätten auf den Ponte Vecchio und durch die Uffizien. Mit seiner Hilfe konnte der Regent ungesehen von seiner Privatresidenz in den alten Amtssitz gelangen. Heute wird der Korridor von den Uffizien als Porträtgalerie genutzt.
Eingang Piazza degli Uffizi | Bus: Galleria degli Uffizi | www.polomuseale.firenze.it | Besichtigung nur auf Anfrage

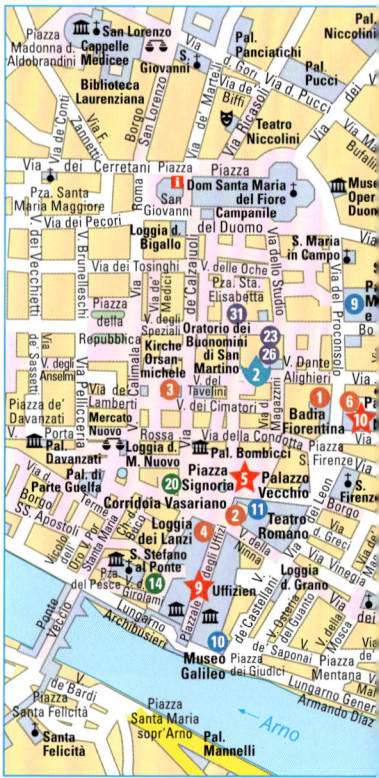

Oratorio dei Buonomini di San Martino

Ein dunkles Kirchentor, daneben ein schmaler Schlitz aus Bronze. In diesem Oratorium hatte im 15. Jh. eine barmherzige Bruderschaft eine Spendenbox für »poveri vergognosi« – die verschämten Armen – eingerichtet (▶ S. 12).

❸ Kirche Orsanmichele   E 3

Seit dem Frühmittelalter waren die Gassen zwischen Dom und Palazzo Vecchio das Revier der Florentiner Handwerker. Der passende Standort für eine Zunftkirche, dachte man um 1350 und wählte dafür den wahrscheinlich von Arnolfo di Campio entworfenen Getreidemarkt, der im Erdgeschoss allerdings erst geschlossen werden musste. Dort kann man im Innern bis heute noch die Struktur der ehemaligen Markthalle erkennen, und der Tabernakel von Andrea Orcagna, in dem eine graziöse Maestà von Bernardo Daddei hängt, lässt erahnen, wie reich die Zünfte seinerzeit gewesen sein müssen. Beachtung verdienen auch die Bildstöcke an den Außenwänden des Gotteshauses, für die namhafte

Quartiere Santa Croce | 73

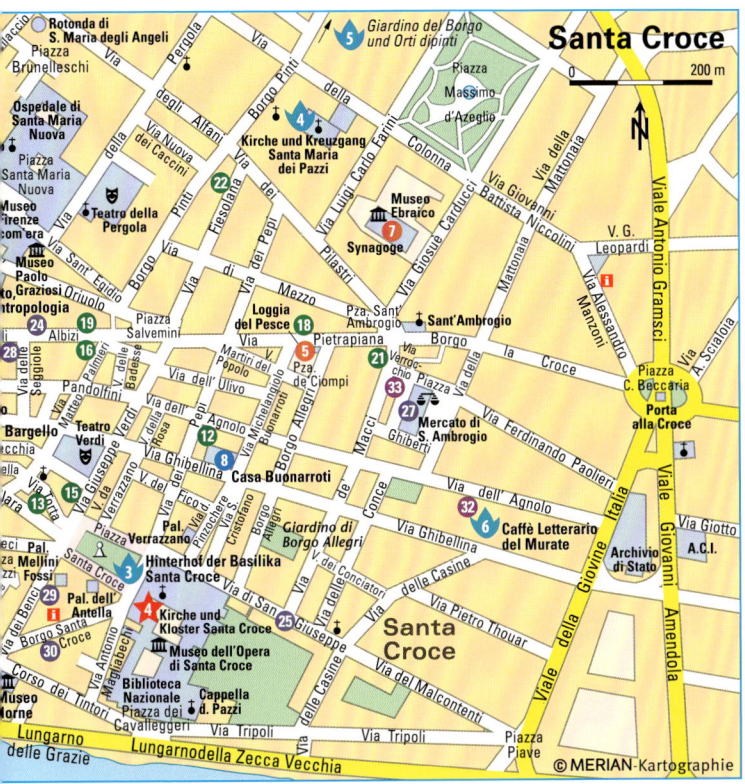

Bildhauer im 15. Jh. die Zunftheiligen schufen. Die Originale, darunter der hl. Georg von Donatello, wurden durch Kopien ersetzt und befinden sich heute im Obergeschoss, wo man sie besichtigen kann (Mo 10–17 Uhr).

Via Arte della Lana | Bus: Orsanmichele | www.polomuseale.firenze.it | tgl. 10–17 Uhr

⭐ Kirche und Kloster Santa Croce
📖 F 4

Ab 1295 nach einem Entwurf von Arnolfo di Cambio errichtet, diente die riesige Predigtkirche an der östlichen Peripherie den kleinen Leuten im Viertel als Versammlungsort. Die reichen Patrizier hingegen nutzen sie als Grabeskirche. Durch ihre Geldspenden erwarben sie das Recht, auf geheiligtem Boden bestattet zu werden und konnten so das Verbot umgehen, innerhalb der Stadtmauern beerdigt zu werden. Unter den Sponsoren waren die Familien Bardi und Peruzzi, die sich jeweils eine ganze Kapelle leistete. Sie beauftragten einen jungen Künstler, ihre Wände mit Szenen aus dem Leben des

Ordensgründers (Franziskus) und von Johannes dem Täufer zu dekorieren. Dem Ort angemessen, schuf Giotto di Bondone, so sein Name, eine arme Kunst. Für den Hintergrund verwendete er Blau statt Gold und gab, was noch erstaunlicher war, seinen Gestalten körperliche Rundungen, ließ sie lachen und weinen. Es war ein erster Schritt weg von der formelhaften byzantinischen Bilderschrift hin zu einer Kunst, die sich an der Natur orientierte. Das machte ihn zum Wegbereiter der Renaissance. Die polychrome Fassade im neugotischen Stil entstand wie der Campanile erst im Zuge der Stadtsanierung in der zweiten Hälfte des 19. Jh. Es ist unmöglich, selbst die Höhepunkte aus dem Kircheninnern zu nennen. Beschränken wir uns daher auf die Marmorkanzel von Benedetto da Maiano, die »Madonna mit Kind« von Antonio Rossellino, Donatellos zauberhaftes Basisrelief einer Verkündigung in grauer Pietra Serena und sein Kruzifix. Rechts und links an den Wänden wechseln sich die mal bombastischen, mal schlichten Grabmäler für Galilei, Dante Alighieri, Machiavelli, Rossini oder Michelangelo ab, die die Kirche zum Pantheon illustrer Italiener werden lassen. Vorbei an der Sakristei mit den wunderbaren Holzintarsienarbeiten geht es zur Pazzi-Kapelle, einem der ersten Renaissancebauten von Filippo Brunelleschi, sowie zu den beiden Kreuzgängen und dem kleinen Klostermuseum im Refektorium. Dort hängt das bei der Überschwemmung im Jahr 1966 stark beschädigte Kruzifix von Cimabue.

Piazza Santa Croce | Bus: Verdi | Tel. 2 46 61 05 | www.santacroceopera.it | Mo–Sa 9.30–17.30, So 14–17.30 Uhr | Eintritt 6 €, erm. 4 €, zusammen mit Casa Buonarroti 8,50 €

4 Loggia dei Lanzi   E4

Benannt ist die kolossale Säulenhalle nach den deutschen Landsknechten, die für den Medici-Herzog Alessandro I. hier Wache hielten. Doch auch vorher benutzten zu Zeiten der Stadtrepublik die Vertreter der Signoria den von Orcagna entworfenen Bau (1376–1382) – als Empfangshalle. Heute beherbergt sie Skulpturen wie den »Perseus mit dem Haupt der Medusa« von Benvenuto Cellini (um 1550) und den nicht minder berühmten »Raub der Sabinerinnen« von Giambologna (1583).

Piazza della Signoria | Bus: Galleria degli Uffizi

Hinterhof der Basilika Santa Croce 3

Der Durchgang von der Via San Giuseppe zum Hinterhof der Franziskanerkirche mutet beinahe wie eine Zeitschleuse an: davor touristisches Treiben, dahinter wird man von einer meditativen Stille umhüllt (▶ S. 13).

5 Loggia del Pesce   F3

Giorgio Vasari hatte 1567 die kleine Säulenhalle für den Mercato Vecchio, heute die Piazza Repubblica, entworfen, wo sie, wie die Terrakotta-Medaillons am oberen Rand verraten, als Fischhalle genutzt wurde. Im Zuge einer Stadterneuerung baute man sie 1885 ab und stellte sie erst 70 Jahre später neben dem Flohmarkt wieder auf.

Dort ist sie jeden vierten Sonntag im Monat Mittelpunkt eines Antiquitätenmarktes.
Piazza dei Ciompi | Bus: Salvemini

6 Palazzo Bargello   E3

»Der hat eine Zunge wie die Glocke vom Bargello«, heißt es in Florenz, wenn jemand nur schlechte Nachrichten verbreitet. Denn die »montanina«, die Turmglocke der 1255 bei Arnolfo di Cambio in Auftrag gegebenen Stadtburg, galt als Verkünderin von Unheil. Als der festungsähnliche Bau 1261 Sitz des Stadthauptmanns, des Podestà, und damit der Stadtregierung wurde, rief ihr Klang die Söhne der Stadt zu den Waffen oder warnte vor anrückenden Feinden. Nachdem 1574 der Polizeihauptmann, der Bargello, dort eingezogen war und Gerichtsgebäude und Gefängnis wurde, begleitete ihr Läuten Todeskandidaten auf ihrem Weg von den Kerkerzellen im Untergeschoss über den wappengeschmückten Innenhof und durch das mit Nägeln beschlagene Holzportal hinaus auf die Via dei Neri und Via dei Malcontenti bis zur Porta dei Giudici am Münzturm, wo der Hinrichtungsplatz war. Das änderte sich erst 1782, als Großherzog Leopold die Todesstrafe abschaffte. Seitdem vernimmt man ihr Geläut nur noch bei außergewöhnlichen Ereignissen, wie während der verheerenden Überschwemmung 1966 oder beim Jahrtausendwechsel. Seit 1965 beherbergt der Palazzo die bedeutendste **Sammlung** Florentiner Renaissanceskulpturen (▶ S. 115).
Via Proconsolo 4 | Bus: Ghibellina | www.polomuseale.firenze.it

Der Innenhof des Palazzo Vecchio (▶ MERIAN TopTen, S. 76) besticht mit Säulen von Michelozzo, kostbaren Fresken und dem filigranen Brunnen mit der Bronzestatue »Putto mit Delfin«.

⭐ Palazzo Vecchio E 4

Auch dieser strenge gotische Bau mit dem 94 m hohen Spitzturm wird dem allgegenwärtigen Arnolfo di Cambio zugeschrieben. 1314 vollendet, ist er seitdem die Florentiner Arena weltlicher Macht. Doch wechselte häufig die Besetzung – und mit ihr der Name. Ursprünglich der Palazzo dei Priori, wo sich die Vorsteher der wichtigsten Zünfte zu ihren zweimonatigen Klausurtagungen versammelten, wurde er im Zeitalter der Stadtrepublik in Palazzo della Signoria umbenannt. Als im Jahr 1540 Cosimo I. de' Medici einzog, machte er ihn zum Palazzo Ducale, zur Fürstenresidenz, und ließ den riesigen Audienzsaal und die Gemächer standesgemäß dekorieren. Bereits nach 20 Jahren verlegte der Stadtmonarch seinen Wohnsitz in den Palazzo Pitti und nutzte den Palazzo Vecchio, den »alten Palast«, nur noch als Verwaltungssitz. Als Florenz 1865 zur Hauptstadt des Königreichs Italien gewählt wurde, tagte in dem prächtigen »Saal der Fünfhundert« vorübergehend das italienische Parlament. Danach zog erneut die städtische Verwaltung ein und residierte dort der Bürgermeister. Als Festung aus wuchtigem Bossenwerk und mit Zinnen bekröntem Wehrgang konzipiert, sollte der Palazzo anfangs tatsächlich die Vertreter der Stadtrepublik schützen und ihre Unabhängigkeit garantieren. Das ist auch der Grund für das relativ kleine Eingangsportal an der Westseite, durch das man über den wunderschön bemalten Innenhof des Architekten Michelozzo ins Erdgeschoss gelangt. Von dort führt eine breite Treppe hoch in den Sala dei Cinquecento, wo jeder Quadratzentimeter von illustrer Hand ausgemalt wurde. Man vermutet sogar, dass sich unter dem Vasari-Fresko gegenüber vom Eingang Reste von Leonardo da Vincis legendärer »Schlacht von Anghiari« verbergen, die er um 1504/05 gemalt hat.

Piazza della Signoria | Bus: Galleria degli Uffizi | www.museicivicifiorentini.comune.fi.it | April–Sept. Fr–Mi 9–24, Do 9–14, Okt.–März Fr–Mi 9–19, Do 9–14 Uhr

Wollen Sie's wagen?

Endlich geht es auch für Besucher im Palazzo Vecchio ganz hoch hinauf. Um nach 223 Stufen das einzigartige Panorama vom 94 m hohen Torre Arnolfo in vollen Zügen genießen zu können, braucht man neben einer guten Kondition auch ein Quäntchen Mut. Für Kinder und bei Regen ist der Zugang übrigens geschlossen.
www.museicivicifiorentini.comune.fi.it

⭐ Piazza della Signoria E 3

Seit über 600 Jahren ist der L-förmige Platz vor dem Palazzo Vecchio die Florentiner Bühne des politischen und bürgerlichen Lebens. In der Vergangenheit wohnten die Bürger hier der Amtseinführung der Priore ebenso bei wie öffentlichen Hinrichtungen, z. B. der des fanatischen Bußpredigers Savonarola, woran eine Marmorplatte in der Platzmitte erinnert. Heute ist die Piazza mit der Kopie von Michelangelos David (1501–1504) sowie der originalen Heldengruppe von Bandinelli,

dem Marzocco-Löwen mit dem Wappen der Stadt und dem Neptunbrunnen von Ammanati gleichermaßen Festsaal, Treffpunkt und Konzertplatz.
Piazza della Signoria | Bus: Galleria degli Uffizi

Kirche und Kreuzgang Santa Maria Maddalena dei Pazzi

Im mittelalterlichen Benediktinerinnenkloster am Borgo Pinti überrascht z. B. ein harmonischer Innenhof, und hinter der schweren Kirchentür steht man vor einer bildschönen Chorkapelle aus mehrfarbigem Marmor (▶ S. 13).

7 Synagoge

In gebührendem Abstand zu Brunelleschis Meisterwerk ragt eine weitaus kleinere Kuppel aus dem roten Häusermeer der historischen Altstadt. Sie gehört zum sephardischen Tempel von Florenz. Trotz der Zerstörung durch die deutsche Wehrmacht und die Flutschäden von 1966 zählt das jüdische Gotteshaus mit seiner ornamentalen Ausmalung im maurischen Stil zu den prächtigsten Beispielen des europäischen Synagogenbaus im ausgehenden 19. Jh. 1981 richtete man ein kleines Museum ein, wo neben der Dokumentation zur Geschichte Florentiner Juden rituelle Kultgeräte aus verschiedenen Jahrhunderten zu sehen sind.
Via Luigi Farini 6 | Bus: Colonna 01 | http://moked.it/firenzebraica | Juni–Sept. So–Do 10–18.30, Fr 10–17, Okt.–März So–Do 10–17.30, Fr 10–15 Uhr | Eintritt 6,50 €, erm. 5 €

MUSEEN UND GALERIEN

- 8 **Casa Buonarroti** ▶ S. 111
- 9 **Galleria degli Uffizi** ▶ S. 111
- 9 **Museo di Antropologia e Etnologia** ▶ S. 112
- 10 **Museo Galilei** ▶ S. 113
- 10 **Museo Nazionale del Bargello** ▶ S. 115
- 5 **Museo del Palazzo Vecchio** ▶ S. 115
- 11 **Teatro Romano im Palazzo Vecchio** ▶ S. 117

ESSEN UND TRINKEN

RESTAURANTS

12 La Cucina del Ghianda

Gut und günstig – Ein Arzt mit der Leidenschaft fürs Kochen hatte den richtigen Riecher. Abends ist sein Lokal ein normales Restaurant mit toskanischer Küche, mittags jedoch geht es wie in der Kantine zu. Man zahlt an der Kasse und holt sich das Gericht seiner Wahl an der Theke ab.
Via dell'Agnolo 85r | Bus: Salvemini | Tel. 3 86 05 34 | Mo–Sa mittags, Do–Sa auch abends | €

- 13 **Cucina Torcicoda** ▶ S. 28
- 14 **Ora d'aria** ▶ S. 28

15 Osteria dei Pazzi

Traditionell und gemütlich – Toskanischer geht's kaum: ein kleiner Gewölbesaal in einem mittelalterlichen Stadtpalast, einfache Holztische und ein eloquenter Wirt, der gern über Zutaten und Machart seiner Gerichte, wie »Bistecca Fiorentina« oder den Gemüseeintopf »Ribollita« fachsimpelt.
Via dei Lavatoi 1r | Bus: Verdi | Tel. 2 34 48 80 | Di–So 12.30–14.30, 19.30–22.30 Uhr | €€

CAFÉS UND EISDIELEN

16 Cioccolateria Vestri ▶ S. 31

17 Ditta Artigianale 🍃 E 4

Ein italienischer Meister bereitet Ihnen hier den »Türkentrank« zu, gleich aus unterschiedlichen Bohnenmischungen. Dazu gibt es Gebäck, Tapas und vegetarisches Light Lunch. Kurzum: perfekter Kaffee-Genuss.
Via dei Neri 32r | Bus: Benci | www.dittaartigianale.it | Mo–Do 8–22, Fr 8–24 Sa 9.30–24, So 9.30–22 Uhr

18 Pasticceria Nencioni ▶ S. 31

19 Rivareno 🍃 F 3

Sich auftürmende knallfarbene Eisberge waren gestern. Hier macht man es vor, wie Qualitäts-Speiseeis aufbewahrt werden muss: in versenkbaren Behältern, denn nur so kann man auf Zusatzstoffe verzichten. Der Nachschub wird ständig frisch hinter großen Glasfenstern zubereitet.
Borgo degli Albizi 46r | Bus: Salvemini | www.rivareno.com | tgl. 10–24 Uhr

20 Rivoire ▶ S. 31

BARS

21 Enoteca Sant'Ambrogio Caffè
▶ S. 31

22 Rex 🍃 F 3

Der erste Eindruck täuscht. Trotz Vintage-Möbeln und Retro-Atmosphäre ist dieses Abendlokal einer der hippsten Treffpunkte der Stadt.
🕐 Di, Do und So mit Livemusik.
Via Fiesolana 2r | Bus: Salvemini | Tel. 2 48 03 31 | tgl. 18.30–2 Uhr

EINKAUFEN

DELIKATESSEN

23 Pegna ▶ S. 38

KUNSTHANDWERK

24 Maestri di Fabbrica ▶ S. 38

LEDERWAREN

25 Scuola del Cuoio ▶ S. 39

26 Simone Taddei 🍃 E 3

Lederhandwerker Simone Taddei braucht Wochen, um seine Schmuckschatullen, Geldbörsen und Zigarrenbehälter anzufertigen, die zum Schluss glänzen wie poliertes Holz. Das hat natürlich seinen Preis, hält aber ein Leben lang.
Via Santa Margherita 11r | Bus: Canto alla Quarconia | www.esercizistorici.it

>
> **Giardino del Borgo und Orti dipinti**
> Im hinteren Teil des Stadtparks Giardino del Borgo hat die »urban gardening«-Initiative Orti dipinti ihren Bereich, wo Besucher durch den Kauf von Kräutersalz oder Tee ein kommunales Projekt unterstützen können (▶ S. 13).

MÄRKTE

27 Mercato Sant'Ambrogio 🍃 G 3

Draußen biegen sich neben den Mode-Wühltischen die Tapeziertische unter den kunstvollen Arrangements aus Obst, Gemüse und Kräutern, drinnen gibt es von Wildschweinwürsten über fangfrischen Fisch bis zu Hülsenfrüchten und Gewürzen alles, was die toskanische Küchenkunst ausmacht.

Piazza Ghiberti | Bus: Annigoni | www.mercatosantambrogio.it | Mo–Sa 7–14 Uhr

MODE UND ACCESSOIRES

28 Mimi Furaha ⚑ F3

Micaela ist in Ostafrika aufgewachsen, und dort hat sie gelernt: Alles ist möglich, wenn man glücklich ist – auf Suaheli »Mimi Furaha«. Deswegen verkauft sie in ihrem Laden nicht nur Accessoires und Klamotten kleiner italienischer Labels, sondern organisiert dort nach Ladenschluss auch Fotosessions, Kunstausstellungen, Trompetenkonzerte oder Nähkurse.

Borgo degli Albizi 35r | Bus: Salvemini | www.mimifuraha.it

29 Boutique Nadine ⚑ F4

Neben ausgesuchten Vintage-Klamotten verkaufen zwei Absolventen der Florentiner Stilistenschule Mode ehemaliger Mitschüler. Die feinen Stoffe stammen aus der Restekiste renommierter Hersteller in der Nachbarstadt Prato, damit es nicht zu teuer wird.

Via dei Benci 32r | Bus: Benci | www.boutiquenadine.it | Mo 14.30–19.30, Di–Sa 10.30–20, So 12–19 Uhr

PARFÜM

30 Aquaflor ⚑ F4

Sileno Cheloni bittet die Kunden seiner Duftküche in mittelalterlichen Gewölben zunächst einmal auf die Couch. Bevor er ihnen nun mithilfe von 1500 Essenzen von der Iriswurzel bis zur bulgarischen Rose das passende Parfum auf den Leib mischt, will er wissen, mit wem er es zu tun hat.

Borgo Santa Croce 6 | Bus: Benci | www.aquaflorfirenze.com

SCHOKOLADE

31 Cioccolateria Molto Bene ⚑ E3

Vergessen Sie Schweizer Schokolade oder belgische Pralinen! Sie sind nichts gegen die Schoko-Träume, die Roberto Catinari aus Kakaobohnen zaubert.

Piazza Santa Elisabetta 2r | Bus: Tosinghi | www.cioccolateriamoltobene.it

KULTUR UND UNTERHALTUNG

32 Le Murate ⚑ G3

Nach der Renovierung ist das einstige Frauenkloster, das zwischenzeitlich als Gefängnis genutzt wurde, heute der spannendste Kulturtreff der Stadt.

Piazza della Madonna della Neve | Bus: Agnolo | www.lemurate.comune.fi.it | tgl. 12–24 Uhr

> **Caffè Letterario del Murate**
>
> Erst Frauenkloster, dann Männergefängnis. Seit der gelungenen Renovierung der mittelalterlichen Gemäuer ist es ein inspirierender Ort mit abwechslungsreichem Veranstaltungsprogramm und Ristobar (▶ S. 14).

33 Teatro del Sale ⚑ G3

Kultkoch Fabio Picchi ließ 2002 ein Salzlager zum Arbeitsplatz für sich und seine Frau, die Entertainerin Maria Cassi, umbauen. Punkt 19.30 Uhr öffnet im Club das Büfett. Zwei Stunden später beginnt der zweite Teil, eine Musik-Theater-Performance von Maria Cassi oder Freunden.

Via die Macci 111 r | Bus: Annigoni | Tel. 2 00 14 92 | www.edizioniteatrodelsale cibreofirenze.it | Di–Sa geöffnet

QUARTIERE SANTA MARIA NOVELLA

Hier Monumente, dort Modetempel, mal vornehme Wohngegend, daneben laute Vergnügungsmeile, dazu Tradition und Moderne. Im Viertel Santa Maria Novella zeigt Florenz, dass es seit jeher von Gegensätzen beherrscht wird.

Gleich mehrere Ordensgemeinschaften haben dem westlichsten Teil der Altstadt ihren Stempel aufgedrückt. So bauten, im Wettstreit mit den Franziskanern, die Dominikaner hier ihr religiöses Zentrum **Santa Maria Novella** 6 und nutzten den weiträumigen Platz davor, auf dem später die Medici ihre prächtigen Renaissancefeste zelebrierten, um das Volk mit flammenden Predigten auf Kirchenlinie zu halten. Anders als die volksnahen Minderbrüder des hl. Franz aus Assisi im Viertel Santa Croce, machten sich die »Hunde des Herrn« als strenge Glaubenswächter einen Namen. Anfangs noch vor den Stadtmauern, wie in der Bezeichnung Borgo (Vorort) Ognissanti bereits anklingt, schufen parallel dazu die Humiliaten rund um ihre Kirche einen weiteren Mittelpunkt. Die weitaus

◀ Prächtige Renaissancefassade: Santa Maria Novella (▶ MERIAN TopTen, S. 81).

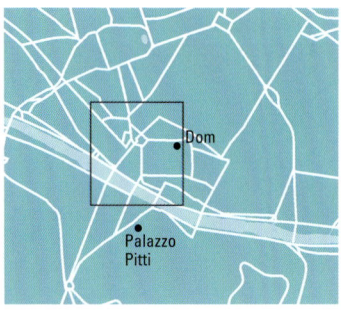

weltlicher orientierte Ordensgemeinschaft baute im 13. Jh. an den Ufern des Arno die wollverarbeitende Industrie auf und schuf damit die Grundlage für den wirtschaftlichen Aufschwung von Florenz. In ihrer Nähe ließen sich die Zuwanderer aus den umliegenden Landgebieten nieder, in der Hoffnung hier eine Arbeit und damit eine Zukunft zu finden. Dieser Kontrast von Brauchtum und Fortschritt, Tradition und Zeitgeist ist weiterhin präsent.

TRADITION UND ZEITGEIST

In Flussnähe liegen einerseits ruhige, schöne Wohngegenden, während nur ein paar Straßen weiter in Richtung Bahnhof nachts das Leben tobt. Bei einem Bummel von der Piazza Repubblica in Richtung Borgo Ognissanti trifft man gleichermaßen auf Höhepunkte der Renaissancekunst wie den Palazzo Rucellai und das Trinitätsfresko von Masaccio in der Basilika Santa Maria Novella und auf Sehenswürdigkeiten, die die Moderne verkörpern, wie den im faschistischen Stil erbauten Hauptbahnhof und das Museum für toskanische Kunst des 20. Jh. Ebenso stößt man rund um die Via del Porcellana und die Via Palazzuolo auf das Florenz der einfachen Leute, während man sich zwischen Via della Vigna Nuova und Via Tornabuoni mit ihren Gucci-, Pucci- und Ferragamo-Luxustempeln eher wie in einer auf Hochglanz getrimmten Schaufenstervitrine fühlt.

SEHENSWERTES

6 Basilika Santa Maria Novella

 D2

20 Jahre nachdem man ihnen 1221 außerhalb der Stadtmauern eine Marienkapelle geschenkt hatte, begannen die Dominikaner mit dem Bau ihres Klosters. Schon kurz darauf gehörte es zu den reichsten der Stadt, und aus dem einstigen Bettelorden war eine fundamentalistische Kampftruppe im Dienste des orthodoxen Glaubens geworden, die sich mit Amtskirche und Adel verbündete und die Inquisition anführte. Zu ihrer Klosteranlage gehört die im Jahr 1348 fertiggestellte, wundervolle Basilika, die nicht zuletzt wegen ihres eindrucksvollen Kreuzgewölbes zu den Hauptwerken der italienischen Frühgotik gehört. Finanziert haben sie die

Patrizier der Stadt. Daher ist ihre Protorenaissance-Fassade aus weißem und grünem Marmor von Leon Battista Alberti (1470) auf immer mit dem Namen Rucellai und der Freskenzyklus mit naiv-unbeschwerten Darstellungen aus dem Leben Johannes des Täufers von Domenico Ghirlandaio in der Hauptchorkapelle mit dem der Familie Tornabuoni verbunden. Bekannt ist auch, dass die Gondi das Holzkreuz von Filippo Brunelleschi für die Familienkapelle sowie das gemalte Kruzifix von Giotto für die Sakristei bezahlten, während die Stifter von Masaccios bahnbrechender Dreieinigkeit (ab 1425) im linken Seitenschiff, wo Figuren und Raum erstmals zentralperspektivisch dargestellt wurden, namenlos blieben. Das Fresko wurde übrigens erst im 19. Jh. hinter einem Altarbild von Vasari wiederentdeckt. Links von der Kirche gelangt man zu den Kreuzgängen, die heute zum Klostermuseum gehören. Nicht verpassen sollten Sie dort den Chiostro Verde mit der in verschiedenen Grünschattierungen gehaltenen Schöpfungsgeschichte des Paolo Uccello (1330–1350) und die Spanische Kapelle mit den Fresken von Andrea Bonaiuto (1367). Menschen sind dort als Schafe dargestellt, die von den schwarz-weißen »domini canes«, den Hunden des Herrn, bewacht werden. Auf dieses Wortspiel geht auch der Name des Ordens zurück. Mit den Wölfen, die von den Hunden zerfleischt werden, sind wiederum die Ketzer gemeint.
Piazza S. Maria Novella 18 | Bus: Stazione Via Panzani | www.chiesasantamarianovella.it | Mo–Do 9–17.30, Fr 11–17.30, Sa 9–17, So 12–17 Uhr | Eintritt 5 €

❶ Basilika Santa Trinita D3
»La mia dama« – »meine Dame« nannte Michelangelo Buonarroti die Basilika von Buontalenti in der Nähe der gleichnamigen Brücke. Wahrscheinlich hat es ihn beeindruckt, dass die im 11. Jh. von Vallombrosanern gegründete und 300 Jahre später umgebaute Kirche, die 1593 dann ihre elegante Spätrenaissance-Fassade bekam, ein kleines Kompendium italienischer Kunstgeschichte ist. In ihrem Innern treffen romanisches Mauerwerk, hochgotische Altarbilder, barocke Kapellen und Renaissancegemälde aufeinander. Glanzstücke sind dort Domenico Ghirlandaios überraschend realistischer Freskenzyklus in der äußeren Chorkapelle Cappella Sassetti mit Szenen aus dem Leben des hl. Franziskus sowie die von Desiderio da Settignano geschaffene Magdalena, die Donatellos Version aus der Taufkirche ähnelt.
Eine vom Maler und Mosaikkünstler Cimabue geschaffene Maestà hängt mittlerweile in den Uffizien, und sein für die Kirche bemaltes Holzkreuz befindet sich in der Akademie. Die ehrenamtlichen Kunstführer von Ars et Fides, die im Inneren warten, erläutern gerne weitere Details.
Via del Parione 3 | Bus: Coverelli | Mo–Sa 8–12, Mo–So 16–18 Uhr

❷ Basilika Santissimi Apostoli E4
Die etwas versteckt gelegene, kleine romanische Basilika wurde angeblich um das Jahr 800 von Karl dem Großen gestiftet. Von außen ein einfacher Backsteinbau, überrascht das Gotteshaus im Inneren mit einem frühchristlichen Grundriss, wertvollen Baumaterialien wie dem grünen Marmor aus Prato,

Quartiere Santa Maria Novella | 83

und antiken Formen – Arkadenbögen, korinthischen Kapitellen und Säulenreihen. Diese Stilelemente sollen Brunelleschi als Vorbild für seine Renaissance-Architektur gedient haben. Kleine Meisterwerke sind auch das reich dekorierte Sparrendach von 1333 (für dessen Instandsetzung um Spenden gebeten wird) und der Majolika-Tabernakel von Giovanni della Robbia. Dort werden Steinsplitter aus dem Grab Christi aufbewahrt, mit deren Hilfe zu Ostern im Dom die Feuertaube gezündet wird. Der kleine Vorplatz war vormals ein Friedhof für ungetaufte Kinder.

Piazza del Limbo 1 | Bus: Ponte Vecchio | tgl. 10–12, 15.30–19 Uhr

③ Kirche Ognissanti   D3

Heute präsentiert sich die Allerheiligen-Kirche außen wie innen im barocken Kleid, und dafür sind die Franziskaner verantwortlich. Der Orden hatte das Gotteshaus 1561 übernommen und knapp 100 Jahre später vollständig umbauen lassen. Gegründet wurde das Gotteshaus allerdings von den Humiliaten. Die Kongregation hatte im 13. Jh. die Wollverarbeitung in Florenz eingeführt und damit wesentlich zum Wohlstand der Stadt beigetragen. So konnten sie es sich auch leisten, einige der besten Künstler für die Innengestaltung zu verpflichten. Giotto malte für sie ein Holzkreuz, das nach langwieriger Restaurierung seit 2010 erneut dort hängt, Botticelli fertigte ein anrührendes Porträt des hl. Augustinus an, und von Domenico Ghirlandaio stammen das Hieronymusbild, eine Mariendarstellung und die großartige Abendmahldarstellung im Refektorium nebenan. Sie soll Leonardo da Vinci als Vorbild für seine weitaus berühmtere Version gedient haben.

Borgo Ognissanti 42 | Bus: Ognissanti | www.chiesaognissanti.it | Mo–Sa 9–12.30, So 9–10, 16–17.30 Uhr

④ Loggia San Paolo   D3

Es ist keine Einbildung! Die harmonische Loggia mit dem zehnbogigen Laubengang gegenüber der Kirche Santa Maria Novella ist tatsächlich eine Imitation von Brunelleschis Säulenhalle am städtischen Waisenhaus. Man hatte sie zwischen 1489 und 1496 nachbauen lassen. Als Motive für die Terrakotta-Medaillons wurde allerdings anstelle der Wickelkinder die Begegnung der

Auf der rechteckigen Piazza della Repubblica (▶ S. 86) befand sich in römischer Zeit das Stadtzentrum, später der alte Lebensmittelmarkt und der Eingang zum jüdischen Ghetto.

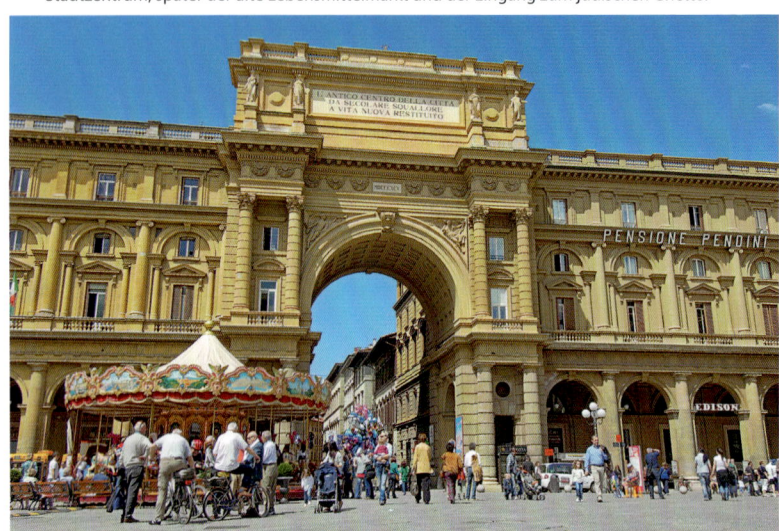

beiden Ordensgründer San Domenico und San Francesco bei Andrea della Robbia in Auftrag gegeben. Seit 2014 ist in dem mittelalterlichen Krankenhaus dahinter das Museum für die Kunst des 20. Jh. untergebracht.
Piazza S. Maria Novella | Bus: Stazione Via Panzani

5 Mercato Nuovo E3

Die offene Halle neben dem bronzenen Glückssymbol Porcellino-Brunnen, wo heute Souvenirs verkauft werden, gab Fürst Cosimo I. 1547 in Auftrag. Sie sollte den kleinen Markt an der Straße zwischen Ponte Vecchio und Piazza della Signoria schützen, auf dem typisch florentinische Luxuswaren – Leder, feinstes Tuch, Silberschmuck – feilgeboten wurden, die man in den Werkstätten rechts und links anfertigte.
Piazza del Mercato Nuovo | Bus: Porta Rossa | tgl. 9–20 Uhr

6 Palazzo Davanzati E3

Düsteres Erdgeschoss, schmale Türen, kleine Fenster und in schwindelnder Höhe viereckige Öffnungen, an denen Holzbrücken befestigt werden konnten, um in unruhigen Zeiten von einem Haus zum nächsten zu gelangen. So muss man sich die Turmhäuser der Florentiner Aristokraten vorstellen, die im Mittelalter das Stadtbild beherrschten und von denen nur wenige erhalten sind. Viel freundlicher hingegen ist dieser spätmittelalterliche Palazzo einer Kaufmannsfamilie (1350), der bereits eine neue Ästhetik und vor allem das wachsende Bedürfnis nach Licht verkörperte. Größere Fenster garantierten luftigen Wohnkomfort, im Erdgeschoss öffneten sich Arkaden mit Warenlagern und Verkaufsräumen zur Straße hin, und die meisten Räume wurden mit farbigen Fresken geschmückt. Eine absolute Neuheit waren außerdem der Brunnen im Hof, der mit einem komplizierten Regenauffangsystem verbunden war, Toiletten auf sämtlichen Stockwerken und die Entscheidung, die Küche ins oberste Stockwerk zu verlegen, damit es im Haus nicht ständig nach Essen roch. Es ist dem Kunsthändler Elia Volpi zu verdanken, dass alles erhalten blieb und 1956 zu einem Florentiner Hausmuseum wurde.
Via Porta Rossa 13 | Bus: Porta Rossa | www.polomuseale.firenze.it | tgl. 8.15–13.50 Uhr | Eintritt 2 €, erm. 1 €

7 Palazzo Rucellai D3

Der ab 1453 in zwei Phasen erbaute Palazzo der Familie Rucellai gilt allgemein als der schönste Renaissancepalast der Stadt. Zwar besteht die Fassade auch hier aus Naturstein-Quadern, doch gelang es Architekt Leon Battista Alberti, ihr durch die harmonische Verwendung von Pilastern, Gesimsen und fein verzierten Fenstern die festungsartige Schwere zu nehmen. Drei Jahre später entstand, ebenfalls nach seinem Entwurf, die Loggia gegenüber. Dort empfing die Familie ihre Kunden, verbrachte die Sommerabende und veranstaltete Feste.
Via della Vigna Nuova 18 | Bus: Vigna Nuova

8 Palazzo Spini Feroni D3

Das 1289, wahrscheinlich von Arnolfo di Cambio entworfene Gebäude war lange Zeit der größte Privatpalast der Stadt. Darüber hinaus besaß er strate-

gische Bedeutung, da man von seinem Eckturm aus die nahe Arnobrücke Trinita überwachen konnte. Als Florenz 1865 Hauptstadt wurde und der Palazzo Vecchio das italienische Parlament beherbergte, nutzte man ihn vorübergehend als Rathaus. Seit 1938 ist er im Besitz der Familie Ferragamo, die von hier aus ihr weit verzweigtes Modeimperium kontrolliert.
Piazza di Santa Trinita 5 | Bus: Coverelli

9 Palazzo Strozzi 🛈 D/E 3

Als der französische König Karl VIII. Ende des 15. Jh. die Stadt besuchte, wurde der feierliche Umzug bewusst an diesem festungsartigen Palazzo aus Bossenwerk vorbeigeleitet. Man wollte den erlauchten Besucher damit beeindrucken, dass ein Florentiner Privatmann sich einen solch gigantischen Wohnsitz leisten konnte. Und in der Tat hatte der schwerreiche Bankier Filippo Strozzi, der das dreigeschossige Gebäude mit Zwillingsfenstern und mächtigem Kranzgesims 1489 höchstwahrscheinlich beim Baumeister Benedetto da Maiano bestellte, 15 ältere Häuser dafür abreißen lassen.

Kurz nach der Fertigstellung schickten die Medici ihn und seine Familie ins Exil, und er wurde enteignet. Erst im 18. Jh. kehrten die Strozzis nach Florenz zurück und mussten sich 1937 dann endgültig von ihrem Palazzo trennen, da sie den Unterhalt nicht mehr bezahlen konnten. Seit 1999 gehört er dem italienischen Staat und hat sich als Florentiner Kunsthalle mit ausgezeichnetem Programm und vorbildlicher didaktischer Aufbereitung einen festen Platz im internationalen Ausstellungsbetrieb erworben.

Piazza degli Strozzi | Bus: Vecchietti | www.palazzostrozzi.org | tgl. 10–20, Do bis 23 Uhr | Eintritt 10 €, Kinder 4 €, erm. 8,50 €

10 Piazza della Repubblica E 3

Das pompöse Geviert aus Prachtarkaden und klassizistischen Palais, wo sich Luxushotels, teure Modegeschäfte und schicke Cafés nahtlos aneinanderreihen, ist historisch betrachtet der Bauchnabel der Stadt. An der Stelle, wo sich die Abbondanza-Säule erhebt, kreuzten sich zu römischen Zeiten die beiden Hauptachsen der Veteranensiedlung. Als man im Mittelalter dann die Stadt in die historischen Viertel San Giovanni, Santa Croce, Santa Maria Novella und Santo Spirito unterteilte, war, mit Ausnahme natürlich von Santo Spirito auf der gegenüberliegenden Arnoseite, hier ihr Berührungspunkt. Heute betrachten viele Florentiner die rechtwinkelige Piazza, die Ende des 19. Jh. im Zuge einer Stadtsanierung vollkommen verändert wurde, als eine nicht wiedergutzumachende Bausünde. Denn damals gingen wichtige Zeugnisse der Stadtgeschichte, darunter das jüdische Ghetto und der alte Lebensmittelmarkt Mercato Vecchio, unwiderruflich verloren.

Piazza della Repubblica | Bus: Piazza della Repubblica

11 Tempietto del San Sepolcro D 3

Ob es Großmannssucht war, sei dahingestellt. Jedenfalls beauftragte der Kaufmann Giovanni Rucellai im 15. Jh. den Großmeister der Renaissancearchitektur Leon Battisti Alberti, ihm in seiner Palastkapelle die Grabeskirche aus Jerusalem nachzubauen und

Kreativität ist Trumpf: Der Mio Concept Store (▶ S. 88) punktet mit einem bunten Sammelsurium ausgefallener Designobjekte – häufig von Künstlern aus der Nachbarschaft gefertigt.

ließ sich später tatsächlich dort zur letzten Ruhe betten. Seit 2013 ist der Tempietto del San Sepolcro in der zum Kunstmuseum umfunktionierten Kapelle San Pancrazio Besuchern wieder zugänglich.

Piazza San Pancrazio | Bus: Vigna Nuova | www.museomarinomarini.it | Mi–So 10–17 Uhr | Eintritt 6 €

MUSEEN UND GALERIEN

- ⑫ **Museo Marino Marini** ▶ S. 114
- ⑬ **Museo Novecento** ▶ S. 115
- ⑭ **Museo Salvatore Ferragamo**
  ▶ S. 115

ESSEN UND TRINKEN

RESTAURANTS

- ⑮ **Borro Tuscan Bistro** ▶ S. 28

- ⑯ **Cacio Vino trallallà** D3

Regionale Kost – Schon der Name – Käse, Wein und Tralala – verbreitet gute Laune. Dafür dass die Stimmung auch beim Essen gut bleibt, sorgen die originelle Einrichtung, die nur aus besten, regionalen Zutaten bereiteten Speisen und die gut sortiere Weinkarte.

Borgo SS. Apostoli 29r | Bus: Ponte Vecchio | Tel. 21 55 58 | www.caciovino.it | Mo–Sa 18–23 Uhr | €€

17 CuCo – Cucina Contemporanea
▶ S. 28

18 Trattoria Sostanza D3

Traditionserhaltend – An diesem alteingesessenen Lokal ist die Zeit spurlos vorbeigegangen. Marmortheke und Holztische sind dieselben wie vor hundert Jahren, an den Wänden hängen die Konterfeis der illustren Gäste, die von weither gekommen sind, weil hier das »Bistecca Fiorentina« so zubereitet wird, wie es sich gehört: roh und zart.

Via del Porcellana 25r | Bus: Palazzuolo | Tel. 21 26 91 | Mo–Fr 12.30–14, 19.30–22 Uhr | €€

CAFÉS
19 Amblé  E4

Barbara, Lorenzo und Fabrizio sind davon überzeugt, dass unser Planet endlich den Schongang einlegen muss, »Amble« in der Reitersprache. Deswegen servieren sie in ihrem trendigen Café an Vintage-Möbeln, die zum Verkauf stehen, vorwiegend vegetarische Snacks aus regionalen und saisonalen Zutaten.

Piazzetta dei del Bene 7a | Bus: Ponte Vecchio | www.unusualflorence.blogspot.it | Di–Sa 10–22, So 12–22 Uhr

20 Caffè Florian D3

Seit 1720 macht sich das Caffè Florian in Venedig um die feine Lebensart verdient. Jetzt wird hier ausprobiert, ob die Florentiner auch für venezianische Kaffeehauskultur unter Murano-Leuchten und mit hauseigenen Kaffee- und Teemarken empfänglich sind. Im Saal nebenan werden der Light Lunch und das mehrgängige Abendessen zwischen zeitgenössischer Kunst serviert.

Via del Parione 28r | Bus: Vigna Nuova | www.caffeflorian.com | tgl. 9–24 Uhr

EINKAUFEN
BETT- UND TISCHWÄSCHE
21 Loretta Caponi ▶ S. 37

DESIGN
22 Mio Concept Store D3

Nachbarschaftshilfe! Anfangs kaufte Antje D'Almeida die Schmuck- und Homeware für ihren Laden auf einschlägigen Fachmessen ein. Heute schaut sie sich gleich in der Nachbarschaft um, denn dort gibt es ihrer Ansicht nach viele Kreative, die genau das herstellen, was sie sucht: ausgefallene und doch bezahlbare Designobjekte wie die hintersinnige Streetart des Franzosen Abraham Clet.

Via della Spada 34 | Bus: S. Maria Novella | www.mio-concept.com | Mo 15–19, Di–Sa 10–13.30, 14.30–19 Uhr

FEINKOST
23 Alimentari Mariano D3

Ein »Signor Panino« – Will man in der Toskana sagen, dass etwas besonders gut ist, nimmt man schon mal den Begriff »Signor« zu Hilfe. Und bei den »Panini«, die in dem herrlich altmodischen Feinkostladen frisch zubereitet werden, belegt beispielsweise mit Roastbeef, Spinat und Senf, trifft das allemal zu. Wer einen Stehplatz an den hohen Holzfässern ergattert, kann auch gemischte Wurst- oder Käseteller bestellen.

Via del Parione 19r | Bus: Vigna Nuova | Mo–Fr 8–15.30, 17.30–19.20, Sa 8–15.30 Uhr

HÜTE
24 Grevi ▶ S. 38

KOSMETIK

25 Officina Profumo-Farmaceutica di Santa Maria Novella D3

Es soll Kundinnen und Kunden geben, die von weither anreisen, nur um die hier hergestellten Kräuterelixiere, Salben, Seifen oder Parfums zu kaufen. Sei's drum! Schließlich gehört die 1602 von Dominikanern gegründete Klosterapotheke auch zu den Florentiner Kulturmonumenten. Alle Präparate wurden garantiert ohne Tierversuche hergestellt.

Via della Scala 16 | Bus: S. Maria Novella | www.smnovella.it | tgl. 9–20 Uhr

KUNSTHANDWERK

26 Richard Ginori ▶ S. 38

MODE

27 Flo-Concept Store ▶ S. 38
28 Principe di Firenze ▶ S. 38

OLIVENBAUM-PRODUKTE

29 La bottega dell'olio E4

In diesem kleinen Laden wird einem vor Augen geführt, wie vielseitig verwendbar ein Olivenbaum ist: frisch gepresstes Öl, eingelegte Oliven, Holzutensilien aller Art, Seife und Kosmetik, Plätzchen und Pasta.

Piazza del Limbo 2r | Bus: Ponte Vecchio | www.labottegadellolioﬁrenze.it | Mo 14.30–18.30, Di–Sa 10–13 Uhr

SCHMUCK

30 Il Gatto Bianco ▶ S. 39

KULTUR UND UNTERHALTUNG

31 Stazione Leopolda B2

In dem ehemaligen Verschiebebahnhof werden Vintage-Modemessen, Konzerte und Tanzperformances gezeigt.

Viale Fratelli Rosselli 1 | Bus: Leopolda | www.stazione-leopolda.com

Draußen wie drinnen ein Genuss: Das Caffè Florian (▶ S. 88) besticht durch seinen bemerkenswerten Mix – bei Kaffee, Tee und Gebäck genauso wie beim Interieur.

QUARTIERE SANTO SPIRITO

Oltrarno oder Diladdarno. Diese Bezeichnungen für den Stadtteil auf der linken Flussseite hatten lange einen schlechten Beigeschmack. Heute stehen sie für ein Florenz, wo nichts so läuft wie im Rest der Stadt.

Zwischen Baptisterium und Bargello wurde bereits europäische Geschichte geschrieben, als man auch die Dörfer San Frediano, Santo Spirito und San Niccolò auf der anderen Uferseite in den schützenden Mauerring miteinbezog. Die »borghi« hatten sich längs der römischen Konsularstraßen entwickelt und wurden von Tagelöhnern und später von den Wollwebern bewohnt. Dann erst errichteten die bedeutenden Familien, die Mozzi, Guicciardini, Torrigiani, Fescobaldi und Medici, hier ihre Geschlechtertürme und später ihre Palazzi. Trotzdem blieben die dörfliche Struktur, die verwinkelten Gassen, schmalen Häuser und malerischen Hinterhöfe rund um die zentralen Kirchplätze erstaunlich gut bewahrt. Daran änderten auch die tiefgreifenden Baumaßnahmen nichts, als Florenz italienische Hauptstadt wurde. Bis weit ins 20. Jh. blieb es das Viertel der einfachen Leute, vor allem der Handwerker, die in ihren »botteghe«

◀ Florentiner Impressionen: Blick von der Ponte alle Grazie (▶ S. 95) auf den Arno.

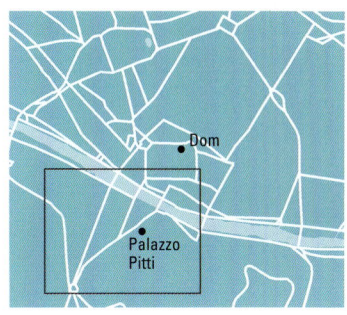

die Mosaiktische, die vergoldeten Bilderrahmen, das handgeschöpfte Papier und die Silberwaren herstellten, mit denen die Mächtigen und Reichen ihre Häuser und Paläste schmückten.

RIVE GAUCHE VON FLORENZ

Heute leben in Diladdarno viele Studenten und Künstler Tür an Tür mit den Alteingesessenen, vermischt sich das Rasseln der eisernen Werkstattrollläden mit dem Klappern der Espressomaschinen in zahlreichen Bars und trifft man in jeder Straße auf eine andere Welt. In der Via Romana reihen sich kleine innovative Läden an Reha-Zentren für Kunst, stellen rechts und links vom Borgo San Frediano Frauen abends weiterhin den Stuhl für ein Schwätzchen vor die Tür, schlürfen rund um die Piazza Santo Spirito schicke Hipsters ihre abendlichen Drinks zum Fingerfood und zelebrieren auf der Piazza Tasso Jung und Alt heitere Geschlossenheit, um das traditionelle Florenz vor der Vereinheitlichung zu verteidigen. Dazwischen werden tagsüber Bilderrahmen vergoldet, avantgardistische Kunstbücher verkauft und Bio-Ledertaschen genäht, während abends Einheimische und Besucher dicht gedrängt vor den Weinbars stehen, toskanische Köstlichkeiten essen und bis spät in die Nacht plaudern.

SEHENSWERTES

❶ Basilika Santo Spirito   D 4

Die schlichte Basilika mit dem hübschen baumbestandenen Platz davor, nach der auch das Viertel benannt ist, gilt als einer der harmonischsten Renaissancebauten von Florenz. Es existierte bereits ein Vorläuferbau aus dem 13. Jh., als die dort ansässigen Augustinermönche im Jahr 1434 bei Filippo Brunelleschi den Neubau in Auftrag gaben und ihm dabei völlig freie Hand ließen. Wie gewohnt, entschied sich der damalige Stararchitekt für eine dreischiffige Struktur mit mathematisch strengen Proportionen und griff auf den bewährten antiken Formenschatz zurück. Der Campanile wurde erst Anfang des 16. Jh., die Fassade mit dem Rundfenster weitere 200 Jahre später errichtet.

Im Inneren beeindrucken neben den halbrunden Seitenkapellen, den Säulen mit korinthischen Kapitellen und dem Holzkreuz von Michelangelo (1493), die Eingangshalle und die Sakristei von

Giuliano da Sangallo sowie eine amüsante Madonna del Soccorso in einer Nische des rechten Querschiffs. Sie schützt das Jesuskind ganz resolut mit einer Keule vor dem Teufel. Von dem Augustinerkonvent daneben ist nur das Refektorium erhalten, heute ein kleines Museum.
Piazza Santo Spirito 30 | Bus: Santo Spirito | www.basilicasantospirito.it | Do–Di 9.30–12.30, 16–17.30, So 11.30–12.30, 16–17.30 Uhr

❷ **Cappella Brancacci in der Basilika Santa Maria del Carmine** C4
Im Jahr 1423 gab der Seidenkaufmann Felice Brancacci bei den Malern Masaccio und Masolino einen Freskenzyklus mit Szenen aus dem Leben des Petrus in Auftrag, mit dem sie seine Familienkapelle in der Karmeliterkirche (13. Jh.) dekorieren sollten. Das Resultat war so umstürzlerisch in Perspektive, Farbe und Ausdruck, dass selbst Michelangelo, Raffael und Leonardo da Vinci dorthin pilgerten, um sich diese Gemeinschaftsarbeit anzuschauen. Der Verdienst gebührte jedoch vor allem dem Jüngeren, Tommaso di Ser Cassai aus der Provinz Arezzo, genannt Masaccio. Ihm gelang ein derart ausdrucksstarkes und detailgetreu-

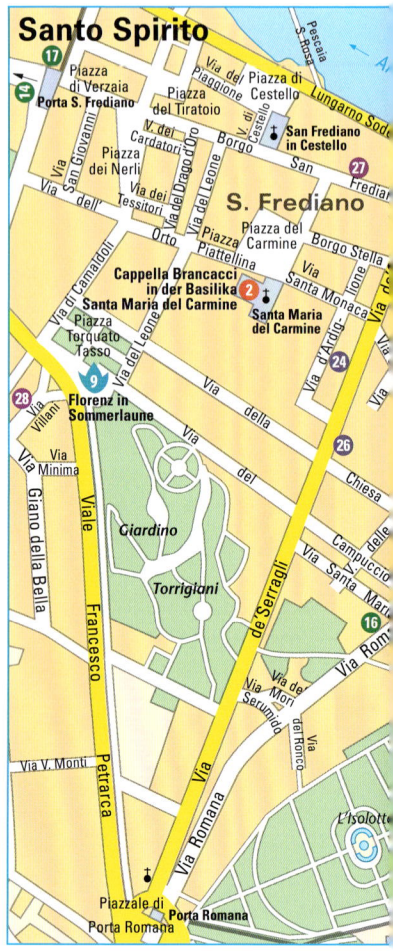

Innenstadtbummel

Das Wort »struscio« bedeutet auch, sich einfach treiben zu lassen. Ob auf der Piazza Santissima Annunziata oder in den Gassen rund um die Basilika – irgendwo stoßen Sie garantiert auf ein Gratiskonzert oder ein Straßenfest (▶ S. 14).

es Abbild seiner Zeit, dass das Fresko fortan als Beginn der Neuzeit in der Malerei galt. Bei einem Brand im Jahr 1771 blieben Kapelle und Fresko zwar unversehrt, doch ging die Strahlkraft der Bilder verloren. Eine langwierige Restaurierung brachte Anfang der 1990er-Jahre die ursprüngliche Farben-

Quartiere Santo Spirito | 93

pracht allerdings zurück. Heute ist der Aufenthalt vor dem Gemälde auf 30 Min. beschränkt, um den Besucherstrom zu regulieren.

Piazza del Carmine 14 | Bus: Carmine | www.museicivicifiorentini.comune.fi.it | Mo, Mi–Sa 10–17, So 13–17 Uhr | Eintritt 6 €, Kinder 4,50 €

❸ Forte di Belvedere E5

Die schöne Aussicht, die ihr Name Belvedere verspricht, hat ihren Preis. Zu der 1590 von den Medici bestellten Festung beim Stadttor San Giorgio führt nur ein steiler, wenn auch schöner Fußweg. Nach Plänen von Bernardo Buontalenti auf einem Bollwerk errich-

tet, diente die sternförmige Anlage aus vier Bastionen und einer zur Stadt hin vorgelagerten Verstärkung weniger der Verteidigung nach außen als vielmehr der Kontrolle der Stadt. Die gesamte Anlage wurde kürzlich restauriert und ist nur zugänglich, wenn dort Ausstellungen stattfinden.
Via di San Leonardo 1 | Bus: Bardi | www.onceevents.com

Giardino delle Rose

Im kleinen Terrassengarten unterhalb des Piazzale Michelangelo kann es passieren, dass man den Park mit den Hunderten von Rosensorten und den zwölf poetischen Skulpturen ganz für sich alleine hat (▶ S. 14).

❹ Giardino di Boboli C–E 5

Zusammen mit dem Palazzo Pitti erwarb Eleonora di Toledo, die spanische Frau von Cosimo I. de' Medici, das riesige Hanggrundstück der Familie Boboli dahinter. 1550 ließ sie es zu einem »Giardino all'Italiana« umgestalten: ein Freilichtmuseum barocker Gartenskulptur, wo sich Nutzbeete mit Ziergärten, Grotten mit romantischen Wasserbecken, buchsbaumgesäumte Wege mit lauschigen Laubengängen und mit von mannshohen Hecken umschlossenen Geheimgärten abwechseln, die der Herrschaft vorbehalten waren. Heute ist der weitläufige Park eine erholsame, wenn auch kostenpflichtige Oase der Ruhe inmitten der Stadt. Nur Florentiner dürfen den hinteren Bereich auch gratis als Kinderspielplatz oder Seniorentreff nutzen.

Eingang durch den Palazzo Pitti, Piazza Pitti 1 | Bus: Pitti | Nov.–Feb. 8.15–16.30, März, Okt. 8.15–17.30, April, Mai, Sept. 8.15–18.30, Juni–Aug. 8.15–19.30 Uhr | Eintritt 7 €, Kinder 3,50 €

❺ Kirche Santa Felicità E 4

Klein, aber fein. So lässt sich die ab 1055 auf einer frühchristlichen Kapelle errichtete Kirche beim Ponte Vecchio wohl am besten definieren. Denn dort hängt gleich rechts am Eingang eines der schönsten Gemälde der Kunststadt, die mitreißende Grablegung von Jacopo da Pontormo, die 1525 die Familie Capponi in Auftrag gegeben hatte. Zum anderen wurde sie zur Hauskirche der Medici, nachdem Cosimo I. den Vasarikorridor hatte bauen lassen. Dieser Gang zwischen Palazzo Pitti und Palazzo Vecchio ermöglichte es den Fürsten, in einer eigenen Loge an der Messe teilzunehmen, ohne mit den anderen Gläubigen in Berührung zu kommen. Im Hofeingang nebenan erinnern links antike Grabsteine an einen verschwundenen frühchristlichen Friedhof.
Piazza Santa Felicita 3 | Bus: Bardi | Mo–Sa 9.30–12, 15.30–17.30 Uhr

❼ Palazzo Pitti D 4

Größer als alle anderen sollte sein Palazzo werden, vor allem als der seiner ärgsten Konkurrenten, der Medici-Familie. Das wünschte sich Kaufmann Luca Pitti, als er 1458 seinen Stadtpalast bei Filippo Brunelleschi in Auftrag gab. Er übernahm sich und ging bankrott. Knapp 100 Jahre später kaufte ausgerechnet Eleonora von Toledo, die Frau von Cosimi I. de' Medici, das erst halbfertige Gebäude und machte es zur

Fürstenresidenz. Im Laufe der Jahre wurde der Palast ständig erweitert und dürfte, bis es Versailles gab, der prächtigste in Europa gewesen sein.

Die Fassade aus grob behauenen Steinquadern sollte Respekt, wenn nicht sogar Angst erzeugen. Dahinter war es sehr viel angenehmer. Vor allem aber existierten zwei Parallelwelten, eine für die Herrschaft, die andere für die Dienstboten, jede mit einem eigenen System aus Korridoren und Treppen. Das für die Dienstboten verband die Küchen mit den Vorratskammern sowie den Zimmern unter dem Dach und kreuzte sich nirgendwo mit der Welt der Herrschaft und ihrer Gäste, die sich ihrerseits in Sälen voller edler Möbel, kostbarer Stoffe und hochkarätiger Kunstwerke bewegten. Als Florenz 1865 vorübergehend zur Hauptstadt des Königreichs Italien wurde, zogen hier auch die Savoyer ein, die den Palazzo 1919 dann dem italienischen Staat überließen. Heute sind dort außer der toskanischen Kulturverwaltung auch sechs Museen und Galerien untergebracht (▶ S. 116).

Piazza de Pitti 1 | Bus: Pitti

6 Ponte alle Grazie   E/F 4

Ähnlich wie der Ponte Vecchio hatte auch seine im Jahr 1237 errichtete Nachbarbrücke anfangs kleine Aufbauten, die als Läden genutzt wurden. In einigen von ihnen lebten im Mittelalter allerdings auch Betschwestern. So nannte man die unverheirateten Frauen, die sich einmauern ließen, um in absoluter Klausur für das Wohl der Stadt und ihrer Einwohner zu beten und die dafür von der Bevölkerung

Könnte es einen würdigeren »Rahmen« geben für Raffaels berühmtes Frauenporträt »La Donna Velata« aus dem Jahr 1516, als die Galleria Palatina im Palazzo Pitti (▶ S. 94, 116)?

versorgt wurden. Auch dieses Stück Geschichte verschwand 1876 im Zuge der Stadterneuerung, um der Moderne in Form von Straßenbahnschienen Platz zu machen.
Bus: Ponte alle Grazie

7 Ponte Vecchio   E 4

Die »alte Brücke« mit den beidseitig lückenlos aneinander gereihten Schmuckläden, wo nur in der Mitte drei Arkadenbögen den Blick auf den Fluss ermöglichen, war bis ins 13. Jh. die einzige Verbindung zwischen den beiden Arnoufern. Anfangs als Holzbrücke auf Steinpfeilern errichtet und beim Hochwasser von 1333 völlig zerstört, erhielt sie erst danach ihre heutige Gestalt. Bis 1593 betrieben Schlachter und Gerber dort ihr Gewerbe, wurden dann allerdings auf Geheiß der Medici durch Goldschmiede ersetzt, die keinen stinkenden Abfall produzierten. Als einzige Brücke von Florenz blieb sie beim Rückzug der deutschen Wehrmacht unbeschädigt und ist heute absoluter Publikumsmagnet.
Bus: Galleria degli Uffizi

Reste der Stadtmauer

Vom mittelalterlichen Stadtring, der im Laufe der Geschichte sieben oder achtmal erweitert wurde und Florenz noch bis 1865 umgab, sind wenige Teilstücke erhalten geblieben. Den ersten Schutzring errichteten noch die Römer, und obwohl er nur 1800 m lang war, reichte er gut tausend Jahre. Erst im Jahr 1078 wurden seine Mauern restauriert und bis zum Fluss Arno verlängert. Doch dann explodierte in nur hundert Jahren die Bevölkerungszahl, und man war gezwungen, ihn erneut zu erweitern. Dieses Mal bezog man die kleinen Vorstädte, Borghi, auf der gegenüberliegenden Arno-Uferseite in den Schutz mit ein und baute drei neue Brücken. Doch auch das reichte nur ein Jahrhundert, dann war erneut eine Verlängerung fällig.

Diesen letzten Mauerring entwarf 1284 Arnolfo di Cambio, der seinerzeit der gesamten Stadt seinen Stempel aufdrückte. Sein Schutzwall war vollkommen aus Stein, besaß 63 Türme sowie zwölf monumentale Tore und umschloss ein Gebiet von 430 ha, auf dem rund 100 000 Menschen Platz hatten. Dieser urbanistische Kraftakt wurde anschließend nur noch unter den Medici-Fürsten um einige Bollwerke erweitert. Im 19. Jh. galten die Stadtmauern, die zu dieser Zeit längst ihre militärische Funktion verloren hatten, als Hindernis bei der Modernisierung der Altstadt. Man entschied sich schließlich 1865 für den Abriss und ersetzte sie anschließend durch eine vierspurige Ringstraße. Erhalten blieben neben den ehemaligen Stadttoren Porta Romana, Porta San Miniato oder Porta San Frediano nur wenige Teilstücke in diesem Stadtteil: zwischen der Porta San Miniato und Forte Belvedere, der Porta Romana und Piazza Tasso sowie der Porta San Frediano und den Lungarno Santa Rosa. Geplant ist, sie begehbar zu machen.
Bus: Piazza Tasso, Porta San Frediano und Lungarno Serristori

8 Villa Bardini E 4/5

Das Schönste an der Villa aus dem 17. Jh. ist neben dem dazu gehörigen Giardino all'Italiano sicherlich der herrliche Panoramablick auf Florenz.

Der Kunsthändler Stefano Bardini hatte Haus und Park 1913 von der Familie Mozzi, denen seit dem Mittelalter der gesamte Hügel südlich vom Arno gehörte, gekauft und ließ das Anwesen gründlich renovieren. Nach dem Tod seines Sohnes und anschließenden zähen Erbstreitigkeiten ging der gesamte Besitz schließlich an die Stadt Florenz und wird, wie im Testament vorgesehen, seit 2010 endlich für kulturelle Zwecke genutzt. So sind beispielsweise in der Villa zwei kleine monografische Museen untergebracht, das eine ist dem Maler Piero Annigoni, das andere dem Stilisten Roberto Capucci (▶ S. 113) gewidmet.

Darüber hinaus werden das ganze Jahr über Konzerte und Seminare, u. a. zur Gartenkunst, veranstaltet. Der kaskadenartig bis fast zum Arno abfallende italienische Garten mit Hainen, Blumeninseln, Statuen, einem romantischen Kaffeehaus und einer Grotte mit Statuen wird von Einheimischen und Besuchern gern als Ruhepol in der ansonsten geschäftigen Stadt genutzt. Vom Park hat man obendrein einen herrlichen Panoramablick.

Costa San Giorgio 2 | Bus: Bardi | www.bardinipeyron.it | Di–So 10–19 Uhr | Eintritt 8 €

MUSEEN UND GALERIEN

- ❾ **Museo Casa Rodolfo Siviero** ▶ S. 113
- ❿ **Museo della Fondazione Roberto Capucci** ▶ S. 113
- ⓫ **Museo Stefano Bardini** ▶ S. 116
- ⓬ **Museo di Zoologica »La Specola«** ▶ S. 116
- ⭐ **Palazzo Pitti mit Sammlungen** ▶ S. 116

Florenz in Sommerlaune

Ist es in der Innenstadt im Sommer drückend heiß, trifft sich tutto Firenze abends in den öffentlichen Gärten und auf den Plätzen. Ein richtiger Dauerbrenner unter den Begegnungsstätten ist die Piazza Torquato Tasso (▶ S. 14).

ESSEN UND TRINKEN

RESTAURANTS
- ⓭ **Cuculia** ▶ S. 28
- ⓮ **Fuor d'Acqua** ▶ S. 29

- ⓯ **Il Santo Bevitore**

Dauerbrenner – Zutaten der Saison, ständig wechselnde, italienische Küche, gute, regionale Weine, internationales Publikum. Lieblingsrestaurant vieler Einheimischer und Touristen.

Via di Santo Spirito 66r | Bus: Piazza Sauro | Tel. 21 12 64 | www.ilsantobevitore.com | Mo–Sa 12.30–14.30, 19.30–23, So 19.30–22.30 Uhr | ♿ | €€

- ⓰ **Il Santo Graal**

Augen- oder Gaumenschmaus – Man weiß nicht, was mehr zählt. Vorne im Saal hatte ein Architekt mit einer Leidenschaft für kreative Details seine Hand mit im Spiel, hinten am Herd erstaunt Koch Simone Cipriani durch seine Lust am Experimentieren. Mit Bier angerührte Polenta, Tortelli mit Fischfüllung und Kastaniencreme oder avantgardistische »Ribollita«-Skulpturen sind Kostproben seiner Kreativität.

Via Romana 70r | Bus: Romana | Tel. 2 28 65 33 | www.ristorantesantograal.it | Fr–So 12–15, Do–Di auch 19–22.30 Uhr | ♿ | €€

🟢17 Sabatino 🚌 C 3
Gut und günstig – So lautet das Motto dieser Florentiner Institution direkt am Stadttor San Frediano. Ganz ungezwungen setzt man sich dort auch zu anderen Gästen an den Tisch und bekommt unter düsteren Holzdecken ausgezeichnete toskanische Küche serviert.
Via Pisana 2r | Bus: San Frediano | Tel. 22 59 55 | www.trattoriasabatino.it | Mo–Fr 12–14.30, 19.15–22 Uhr | €€

🟢18 Trattoria Casalinga ▶ S. 29

BARS
🟢19 Negroni Florence Bar 🚌 F 4
In dieser Bar mit Blick auf den Arno haben die Protagonisten des Kultfilms »Amici Miei« ihre Abende mit einem Negroni-Cocktail begonnen, die dann meist im Chaos endeten. Heute können sich Florentiner Nachteulen vor ihrem Streifzug durch die Kneipen erst einmal an einem Fingerfood-Büfett stärken.
Via dei Renai 17r | Bus: Ponte alle Grazie | Tel. 24 36 47 | www.negronibar.it | Mo–Fr 8–3, Sa, So 10–3 Uhr

🟢20 Le Volpi e l'Uva 🚌 E 4
»Wir führen nur, was uns gut schmeckt.« Unter diesem Motto servieren Riccardo Comparini und seine Partner in der kleinen Enoteca hinter der Kirche Santa Felicità ausschließlich Weine von kleinen Produzenten und halten damit ihre Stammkundschaft bei der Stange. Im Sommer degustiert man die edlen Tropfen zusammen mit ausgesuchten Appetithappen auf der Außenterrasse, im Winter begnügen sich die Gäste ohne zu murren mit einem Stehplatz an der Theke. Fazit: glasweise Glück.
Piazza dei Rossi 1 | Bus: Pitti | Tel. 2 39 81 32 | www.levolpieleuva.com | Mo–Sa 11–21 Uhr

EINKAUFEN
BRILLEN
🟢21 I Visionari 🚌 D 3/4
Das Geschwisterpaar Lenzi kauft die Brillengestelle ausschließlich bei kleinen Herstellern von Berlin bis Sydney. Schließlich sollen ihre Augenkleider nicht nur den Blick schärfen, sondern auch zum Ausdruck bringen, dass der Träger Sinn für neue Tendenzen hat.
Piazzetta N. Sauro 14r | Bus: Piazza Sauro | www.ivisionari.com | Mo–Sa 10–13, 14.30–19.30 Uhr

KUNSTBÜCHER UND ACCESSOIRES
🟢22 Boutique Björk 🚌 D 4
In recyceltem Ambiente verkauft Filippo Anzalone neben Kunstbüchern manchmal auch abgefahrene Mode und jede Menge Zeitgeist-Accessoires.
Via dello Sprone 25r | Bus: Frescobaldi | Mo 14.30–19, Di–Sa 10.30–13, 14.30–19 Uhr

LEDERWAREN
🟢23 Antonio Mannina ▶ S. 38

🟢24 Dimitri Villoresi Bags 🚌 C/D 4
Man muss Dimitri Villoresi schon finden wollen, denn die Werkstatt des eigenbrötlerischen Lederhandwerkers liegt ziemlich versteckt in einem Hinterhof zwischen Piazza Santo Spirito und Piazza del Carmine. Er möchte eben in Ruhe arbeiten können. Wer sich für seine handgenähten Taschen aus nachhaltigem Leder interessiert, ist jedoch immer willkommen.

Quartiere Santo Spirito | 99

Via dell'Ardiglione 22 | Bus: Serragli | Mobil 36 64 53 48 67 | www.dimitri villoresi.com | Mo–Fr 9–13, Mo–Sa 15.30–19.30 Uhr

25 Madova Gloves ▶ S. 39

SCHMUCK
26 Naa Studio D 4
Anstatt am Bildschirm Häuser zu entwerfen, wollte die in Florenz geborene Iranerin Negar Azhar Azari nach ihrem Architekturstudium lieber mit den Händen schöne Dinge schaffen. Seitdem ziseliert sie mit Hammer und Punze geometrische Formen und häkelt Ketten und Ohrringe aus Silber- und Goldfäden.
Via dei Serragli 59r | Bus: Serragli | www.naastudio.com | Mo–Sa 10–13, Di–Sa 15.30–19.30 Uhr

KULTUR UND UNTERHALTUNG
27 La Cité D 4
In dieser Mischung aus Buchladen und Bio-Café, wo Einheimische auf Touristen und Studenten auf Senioren treffen, werden auch Kulturleckerbissen serviert: Lesungen, Theaterperformances, Tangoabende.
Borgo San Frediano 20r | Bus: San Frediano | Tel. 21 03 87 | www.lacitelibreria.info | Mo–Sa 8–2, So 15–2 Uhr

28 Ostello Tasso C 4
Während im ersten Stock der alten Schule die ehemaligen Klassenräume zu Mehrbettzimmern im Retrostil umgestaltet sind, erwartet Sie abends im Erdgeschoss ein zeitgenössisches Musik- und Theaterprogramm.
Via Villani 15 | Bus: Piazza Tasso | Tel. 2 33 60 12 | www.ostellotasso.it

Schmuck ist ihr Metier. Die Kunsthandwerkerin Negar Azhar Azari entwirft und fertigt in ihrem Naa Studio (▶ S. 99) filigrane Ketten, Ringe und Ohrgehänge aus Gold und Silber.

Im Fokus
Florentiner Persönlichkeiten

Ob Künstler oder Kirchenvertreter, Politiker oder Propheten: Die Liste der Persönlichkeiten, die aus Florenz stammten oder dort gewirkt haben, ist lang und enthält Namen von Weltruf, darunter zwei Frauen, die entscheidende Weichen für die Stadt gestellt haben.

Für **Mathilde von Canossa**, die Markgräfin der Toskana (1046–1115), war ihre Florentiner Residenz eine von vielen zwischen dem Gardasee und der Toskana. Für die Stadt war die hochgebildete und fromme Regentin hingegen richtungsweisend für die spätere Entwicklung. Bereits als Sechsjährige trat Mathilde die Nachfolge ihres Vaters an, wurde dabei jedoch lange Zeit von ihrer Mutter Beatrix vertreten, die im Investiturstreit zwischen päpstlicher und weltlicher Macht um die Ernennung der Bischöfe die Seite der Kirche wählte. Die Tochter nahm in dieser Frage anfangs eine Vermittlerposition ein und konnte Kaiser Heinrich IV. zu seinem Gang nach Canossa bewegen, um bei Papst Gregor VII. Abbitte zu leisten. Später wurde sie zur überzeugten Anhängerin der Kirchenreform, und Florenz folgte ihr, wenn auch aus wirtschaftlichen Überlegungen. Damit legte die Stadt die Grundlage dafür, was später als wichtiges Merkmal galt: die Treue zum Papst, aus der sich die Zugehörigkeit zur Guelfenpartei entwickelte, die bestimmende politische Kraft in der Stadtrepublik.

◀ V.l.n.r.: Dante Alighieri (▶ S. 101), Niccolò Machiavelli (▶ S. 102) und Galileo Galilei (▶ S. 103).

Einmal auf antikaiserlichem Kurs, erklärte sich Florenz nach Mathildes Tod, die den Mauerring zum Schutz vor kaiserlichen Truppen verstärken ließ, zur freien Kommune. Der Aufstieg zur Stadtrepublik begann.

VON DICHTER- UND MALERFÜRSTEN

Der Prophet gilt nichts im eigenen Land. Diese Erfahrung machte auch der bedeutendste italienische Dichter des Mittelalters, **Dante Alighieri** (1265–1321). Im Kampf der Guelfen und Ghibellinen hatte er sich politisch für die Seite der Verlierer engagiert und wurde verbannt. Von Ravenna aus rächte er sich mit seiner »Göttlichen Komödie«. In dem Meisterwerk erzählt er von einer Lebenskrise, die ihn durch Hölle, Fegefeuer und Paradies führt. Schritt für Schritt rechnet er dabei mit seinen ehemaligen Mitbürgern und den Kirchenvertretern ab, weist ihnen schwere Bußen und Strafen zu. Unsterblich machte ihn auch seine Entscheidung, seine Verse statt auf Latein in der Sprache des Volkes zu schreiben.

Was Dante für die italienische Sprache, war **Giotto di Bondone** (1266 bis 1337) für die europäische Malerei. Mit seinen Fresken in der Arenakapelle in Padua und in den beiden Chorkapellen von Santa Croce befreite er die Malerei von ihren strengen byzantinischen Regeln. Seine Gestalten zeichnen sich durch Natürlichkeit aus, ihre Mimik ist lebendig, und sie stehen zu ihrer Umgebung in Beziehung. Obwohl er weiterhin religiöse Themen wählte, war es ein erster Schritt hin zu einer Kunst, die sich an der Natur orientierte. Giotto verwendete als Erster die antike Fresko-Technik, bei der noch feuchter Verputz zum Binden der Farbpigmente genutzt wurde, und leitete als alter Mann die Bauarbeiten am Campanile.

DER BUSSPREDIGER UND DAS MULTITALENT

Girolamo Savonarola, der Dominikaner aus Bologna (1452–1498) kam 1482 nach Florenz und prangerte in seinen Predigten den Sittenverfall der Herrschenden und die Verderbtheit der päpstlichen Kirche an. Er forderte ein Leben in Glauben, Liebe und Strenge und beschrieb die politische Freiheit der Völker als göttliches Recht. Das brachte ihm viel Zulauf vom Volk, aber auch die Verbannung durch die Amtskirche ein. 1491 kehrte er zurück und wurde zum Prior des Konvents San Marco gewählt. Als die Medici drei Jahre später vertrieben wurden, erhob er Florenz zum neuen Jerusalem und prägte eine neue florentinische Verfassung mit republikanischen Prinzipien. Allmählich nahm seine Herrschaft über die Stadt jedoch diktatorische Züge an, und seine Anhänger erzeugten ein Klima der Angst. Aufgestachelt von den Franziskanern wandte sich das Volk 1498 gegen ihn, er wurde zum Tode verurteilt und hingerichtet.

Wie kein anderer verkörperte **Leonardo da Vinci** (1452–1519) das Ideal des Renaissancemenschen, den »uomo universale«. Musik und Malerei beschäftigten ihn genauso wie Medizin und Mechanik. Er verstand sich als Schüler der Erfahrung und gelangte anstatt über Spekulation, wie im Mittelalter üblich, auf experimentellem Wege zu seinen Erkenntnissen. Außerdem lehnte er Autoritätsgläubigkeit strikt ab. Doch stand über seinem Werk ein Unstern, und so ist nur wenig überliefert. So blätterte bei seiner legendären Schlacht von Anghiari im Palazzo Vecchio bereits beim Malen die Farbe von den Wänden, misslang der Guss seines Reitermonuments des Francesco Sforza in Mailand und wurden zahlreiche seiner Manuskripte, in denen er u. a. Skizzen von Flugmaschinen, Kriegsgerät oder dem menschlichen Körper festhielt, zerschnitten. Was jedoch erhalten blieb, zeugt von wahrer Meisterschaft, darunter sein »Abendmahl«, seine »Mona Lisa« oder die »Felsgrottenmadonna«.

POLITIK, PHILOSOPHIE UND NATURWISSENSCHAFTEN

Die Medici regierten stets mit einem devoten Personenkreis, den sie aus dem Netzwerk einiger Patrizierfamilien rekrutierten. Das wurde für den brillanten Außenseiter aus ärmlichen Verhältnissen **Niccolò Machiavelli** (1469–1527) zur Chance, nachdem die Regenten wieder einmal verjagt und ihr Nachfolger Savonarola hingerichtet worden waren. Da der Schriftsteller, Staatsdiener und Philosoph weder mit den einen noch mit dem anderen verbandelt gewesen war, wählte man ihn an die Spitze der Stadtrepublik. Gleichzeitig für sein diplomatisches Geschick und seine Rationalität geschätzt, versuchte er in dieser Zeit, Politik, Theologie und Wirtschaft zu trennen. Das konnte in der von Zünften, Bankern und dem Klerus beherrschten Stadt nicht lange gut gehen, und so wurde auch er verjagt. In der Folgezeit verfasste er sein berühmtes Traktat »Der Fürst«, in dem er seine Sicht auf die Renaissancewelt niederschrieb. Sie lautete: In Florenz bestimmten die Chefs großer Firmen die Politik, obwohl sie keine Ahnung davon hatten. Das macht sein Buch bis heute aktuell.

Das Künstlergenie **Michelangelo Buonarroti** (1475–1564) lernte bei Ghirlandaio das Zeichnen, seine eigentliche Schule war jedoch der Klostergarten von San Marco, ein Freiluftmuseum antiker Bildhauerkunst. Daher offenbarten sich seine Virtuosität und sein schöpferisches Genie vor allem in seinem bildhauerischen Werk. Aus dem Stein schlug er die Fülle und Tiefe menschlicher Eigenschaften, ihre Schönheit und Kraft sowie innere Größe und Leidensfähigkeit heraus. Trotzdem wurde das »Jüngste Gericht« an der Decke der Sixtinischen Kapelle in Rom sein beeindruckendstes Werk. Doch auch als Architekt gelang Michelangelo die Perfektion, wie Sakristei und Bibliothek Laurenzianum in San Lorenzo in Florenz zeigen. Allein mit Menschen kam er nicht zurecht und schrieb über seine Landsleute: »Ich habe es nie mit einem so undankbaren und arroganten Volk zu tun gehabt, wie die Florentiner es sind.«

Kirche und Wissenschaft führten bis zum Mittelalter eine friedliche Koexistenz. Solange die Wissenschaftler nicht am katholischen Weltbild rüttelten, oben der Himmel, unten die Hölle und auf der Erde, als Herrscher über alles Leben, der Mensch, hatten sie nichts zu befürchten. Wer das bestritt, wurde verbrannt. **Galileo Galilei**, Mathematiker und Physiker aus Pisa (1564–1642), der bahnbrechende Entdeckungen auf mehreren Gebieten der Naturwissenschaft machte, entging diesem Schicksal. Trotzdem wurde er mit Veröffentlichungsverbot belegt, nachdem er 1609 den Himmel durch ein Fernrohr betrachtet hatte und dort die Theorien Kopernikus' und Keplers bestätigt fand, dass sich die Erde um die Sonne als Zentrum des Universums dreht. Dass er seine Beobachtungen veröffentlichte und die Theologen aufforderte, die Bibel darauf neu zu interpretieren, konnte die Kirche sich nicht gefallen lassen. Sie zwang ihn, seiner Lehre abzuschwören. Unter Hausarrest in Arcetri bei Florenz führte der fast erblindete Galileo fortan seine Untersuchungen zur Schwerkraft fort.

DIE KUNSTSINNIGE FIRST LADY

Obwohl ihre Vermählung mit Kurfürst Johann Wilhelm von der Pfalz eine arrangierte Ehe war, führte die letzte Repräsentantin des Hauses Medici, **Anna Maria Luisa de' Medici** (1667–1743), eine zwar kinderlose, doch glückliche Ehe. Nach dem Tod ihres Gatten kehrte sie nach Florenz zurück, um neben ihrem unverheirateten Bruder Gian Gastone die Rolle der ersten Dame im toskanischen Staat zu übernehmen. Da mit ihnen die Medici-Dynastie ausstarb, legten die Mächtigen Europas untereinander fest, dass die Toskana an Franz von Lothringen fallen sollte, den Mann von Kaiserin Maria Theresia. Trotzdem vermachte die kunstliebende Frau, die ihren Bruder überlebte, das persönliche Eigentum der Familie der Stadt Florenz – unter der Bedingung, dass es niemals aus der Stadt entfernt werden dürfe. Dieser Besitz macht heute den Großteil der Kunstsammlungen in den Uffizien, im Palazzo Pitti und weiteren Museen aus.

NICHT ZU VERGESSEN!

Der Kulturreichtum von Florenz hört an der Ringstraße nicht auf. Doch fristen die Sehenswürdigkeiten außerhalb oft ein Aschenbrödel-Dasein. Zu Unrecht, wie das Kartäuserkloster im Westen und die Basilika San Miniato im Süden beweisen.

Seit dem Frühmittelalter ließen sich immer neue Ordensgemeinschaften in gebührendem Abstand zur Stadtmauer nieder. Innerhalb davon standen die Häuser dicht an dicht, sie hingegen brauchten Platz für Gärten und landwirtschaftliche Versorgungsbetriebe, die zu einem Kloster gehörten. Erst im 15. Jh. kam es unter wohlhabenden Familien wieder in Mode, sich in den Hügeln einen Zweitwohnsitz zu errichten und durch ein schmales Wegenetz mit der Stadt zu verbinden. Einige dieser Sträßchen existieren noch, in Richtung **Fiesole** oder **Bagno a Ripoli**. Oft sind es schöne, verwunschene Ecken, die einen Besuch wert sind.

Bereits im 14. Jh. legte man den **Mauerring** von Florenz darauf an, hunderttausend Menschen aufzunehmen. Daher wurde mit der Bebauung der Außenbezirke erst begonnen, als man 1865 Florenz zur Hauptstadt

◀ Ein sakrales Juwel: die Basilika San Miniato
al Monte (▶ MERIAN TopTen, S. 105).

des Königreichs Italien machte. Man ersetzte die Mauern durch eine Ringstraße und baute anschließend stattliche Wohnviertel im neoklassizistischen Stil. Hier und da stößt man dazwischen auf Art-Nouveau-Villen wie die **Villa Broggi Caraceni** in der Via Scipione Ammirato und die **Villa Baroncelli** in der Via Dupré. Aus derselben Zeit stammen auch zahlreiche Häuser im pseudogotischen Stil, etwa die **Villa Stibbert**. Sie werden von den maliziösen Florentinern gern als kolonialistische Hinterlassenschaft wohlhabender Engländer beschrieben, die ihrer Wahlheimat Florenz damit ihren architektonischen Stempel aufdrückten.

MITTEN IM GRÜNEN

In diesem Wohngürtel befinden sich flussauf- und -abwärts auch die grünen Lungen der Stadt, der riesige **Cascine-Park** und die öffentlichen Gärten auf der gegenüberliegenden Seite des Zentrums. Man verbindet sie derzeit durch ein **Fahrradwegnetz** mit der Innenstadt, um irgendwann einmal das Privatauto weitgehend überflüssig zu machen. Auch weiter außerhalb hat das Florenz des 21. Jh. bereits seinen Platz gefunden. Zu nennen sind außer dem imposanten **Justizpalast** in Flughafennähe und dem neuen Universitätscampus daneben vor allem das 2014 fertiggestellte avantgardistische **Opernhaus** (▶ S. 19), die sich allesamt mittlerweile gut mit öffentlichen Verkehrsmitteln erreichen lassen.

SEHENSWERTES

 Basilika San Miniato al Monte

🚩 F 5/6

Es ist jedes Mal ein Genuss, von der Ponte alle Grazie zur 1018 von Bischof Hildebrand dem späteren Papst Gregor VII. errichteten und nach einem armenischen Märtyrer benannten, romanischen Basilika auf dem südlich gelegenen Mons Fiorentinus hinaufzuschauen. Gerade am Spätnachmittag lässt sich dann miterleben, wie die Abendsonne die Fassade aus zweifarbigen, geometrisch angeordneten Marmorplatten zum Erglühen bringt, die als Vorbild für den Inkrustationsstil zahlreicher Florentiner Kirchen gilt. Auch im abgedunkelten Innenraum, der sich mit einigen Münzen aufhellen lässt, ist alles bemerkenswert. Angefangen beim herrlichen Marmorboden und dem byzantinischen Mosaik in der Apsis über den von Michelozzo ausgeführten Tabernakel, der früher das nach Santa Trinità verlegte wundertätige Kreuz des hl. Giovanni Gualberto schützte, bis zu der nur zur Hälfte unterirdischen Krypta mit den Gebeinen des hl. Minias und dem erhöhten Chorraum, wo es rechts zur Sakristei mit dem Freskenzyklus über das Leben des hl. Benedikt von Spinello Aretino (1373) geht. Auf keinen Fall verpassen sollte man den im 19. Jh. angelegten Cimitero Monumentale delle Porte Sante an der Rückseite der Basilika, mit seinen prächtigen Grabmonumenten und den für Italien typischen Urnenmauern, vor denen dunkle Zypressen die Totenwache halten.

Centro Storico | Via delle Porte Sante 34 | Bus: San Miniato al Monte | www.sanminiatoalmonte.it | Sommer tgl. 9.30–20, Winter tgl. 9.30–13 und 15–19 Uhr

Certosa San Lorenzo di Galluzzo
 südl. B 6

Wer mit dem Auto anreist, kennt das imposante Kartäuserkloster auf einem Hügel am Stadtrand, das heute von Zisterziensern bewohnt wird. Besucher finden allerdings nur selten den Weg zu diesem Ort der Ruhe und Meditation, obwohl hinter den im 14. Jh. errichteten Mauern eine Reihe künstlerischer Meisterleistungen warten. Dazu gehören der große Kreuzgang in reinem Renaissancestil und mit Terrakottareliefs der Della Robbia, die reich ausgestattete Kirche im Barockstil sowie die Pinakothek im ehemaligen Studienzentrum für junge Florentiner Künstler. Wie die gesamte Anlage wurde es von der einflussreichen Familie Acciaiuoli gestiftet. Heute hängen hier die Fresken aus dem Kreuzgang, die Pontormo 1523 gemalt hat, während vor den Toren die Pest wütete. Die Besichtigung der Klosteranlage ist nur in Gruppen von mindestens sechs Personen möglich. Wird die Zahl nicht erreicht, muss man die nächste Führung abwarten.

Galluzzo | Via della Certosa 1 | Bus: Certosa | www.cistercensi.info/certosadifirenze | im Sommer Di–Sa 9, 10, 11, 15, 16 und 17, So 15, 16 und 17, im Winter Di–Sa 9, 10, 11, 15 und 16 Uhr

Fortezza di San Giovanni Battista/Fortezza da Basso
 D 1

Die mächtige Festungsanlage in Bahnhofsnähe, heute das Florentiner Messezentrum, gab Alessandro de' Medici 1533 in Auftrag. Die fünfeckige Bastion samt Befestigungsmauern diente allerdings weniger der Verteidigung der Stadt als vielmehr dem Schutz der Herrscherfamilie. Sie war erst kurz zuvor aus der dreijährigen Verbannung zurückgekehrt und war sich ihrer Macht keineswegs sicher.

Centro Storico | Viale Filippo Strozzi | Bus: Ridolfi

Cimitero Monumentale delle Porte Sante

10

Hoch gelegen und durchzogen von Spazierwegen, an denen prächtige Mausoleen und Steingräber liegen. So wie der monumentale Friedhof hinter der San Miniato-Kirche könnte eine etruskische Totenstadt ausgesehen haben (▶ S. 15).

Giardino dell'Orticultura
 südl. F 1

Am besten man betritt den ausgedehnten Park von der Via Bolognese über die Treppe mit dem Wasser speienden Drachen aus buntem Mosaik. Dort hat man einen herrlichen Blick auf Florenz, bevor es in den 1859 angelegten Botanischen Garten mit altem Baumbestand und großen Liegewiesen geht.

Nicht zu vergessen! | 107

Ein sakrales Meisterwerk, das man im Kloster San Salvi (▶ S. 107) bewundern kann, ist das Fresko »Das letzte Abendmahl« des Renaissancemalers Andrea del Sarto.

In dem kürzlich restaurierten **Tepidarium** aus Glas und Eisen werden neuerdings Events zum Thema Kunst in der Natur veranstaltet. Und an Sommerabenden ist der Park ein geschätzter Treff für Nachtschwärmer, die bei Aperitif und Konzerten der drückenden Hitze in der Innenstadt entfliehen. Der Besuch lohnt auch Anfang Mai zur jährlichen Blumenausstellung.

Rifredi | Via Bolognese 17/Via Vittorio Emanuele II 4 | Bus: Ponte Rosso 01 | tgl. 8–20 Uhr, bei Veranstaltungen länger | www.facebook.com/giardino.dellartecultura | ♿

Kloster San Salvi   östl. H 2

Obwohl weit vor dem schützenden Mauerring gelegen, spielte die ehemalige Vallombrosaner-Abtei San Salvi im Leben der Stadt stets eine wichtige Rolle. So lebte hier ab 1055 der Kirchenreformer und später heiliggesprochene Johannes Gualbertus, der die Simonie in der Amtskirche bekämpfte. 1312 wählte Kaiser Heinrich VII. den Konvent als Stützpunkt bei seiner Belagerung von Florenz. 1511 beauftragte man den Maler Andrea del Sarto, für das Refektorium ein Abendmahlfresko anzufertigen, das zu den Meisterwerken der Renaissancemalerei zählt und heute besichtigt werden kann. 1887 wurde ein Teil der Abtei dann zur Klinik für Psychiatrie umgebaut, die mittlerweile allerdings geschlossen ist. Seitdem wartet das Kloster auf eine neue Bestimmung.

Campo di Marte | Via di San Salvi 16 | Bus: Lungo L'Affrico | www.polomuseale.firenze.it | Di–So 8.15–13.50 Uhr | Eintritt frei

Medici-Villen und Gärten

Medicifans dürfen sich freuen. Im Juni 2013 wurden in der gesamten Region zwölf Villen und zwei Parks der Florentiner Fürsten, wie die Villa La Petraia, der Boboli-Garten und das Castello Trebbio, zum UNESCO-Weltkulturerbe erklärt. Seitdem hat man die Öffnungszeiten verlängert und organisierte Thementouren zugesagt. Weitere Medicivillen (▶ S. 134).
www.regione.toscana.it/ville-e-giardini-medicei

Parco delle Cascine   A 1/2

3 km zieht sich der 150 ha große Stadtpark jenseits des Altstadtrings am nördlichen Arnoufer entlang. Um das Jahr 1600 weideten hier noch die Rinder der Medici, dann pflanzte man jedoch dort zu wissenschaftlichen Zwecken einen großen Baumbestand und legte einen Botanischen Garten an. Heute wird die Grünanlage Le Cascine von den Florentinern als Freizeitpark mit Sportanlagen, Trabrennbahn, Fahrrad- und Spazierwegen, Konzertbühne sowie mehreren Ausflugs- und Musiklokalen genutzt. Jeden Dienstagmorgen findet zudem ein beliebter

Parco delle Cascine (▶ S. 108): Florenz' größte Grünanlage wird von Spaziergängern, Radfahrern, Freizeitsportlern, Familien mit Kindern und Ausflüglern gleichermaßen genutzt.

Wochenmarkt mit Kleidertischen und Lebensmittelständen statt.
Rifredi | Piazzale delle Cascine | Bus: Le Cascine | http://parcodelle cascine.comune.fi.it

Villa medicea di Careggi 🚩 nördl. D 1
Noch vom Stammvater der Medici, Giovanni Bicci, 1417 erworben, beauftragte sein Sohn Cosimo il Vecchio seinen Hausarchitekten Michelozzo mit dem Umbau der Villa und verbrachte fortan hier seine Sommer, um, wie er selbst schrieb, seine Seele zu pflegen. Später wählte auch Lorenzo il Magnifico die Villa zum Lieblingssommersitz und versammelte hier die Platonische Akademie um sich. In der Folgezeit ging sie durch mehrere Hände und ist heute im Besitz der Region Toskana, die sie als Gesundheitsbehörde nutzt. Besichtigung nur nach Voranmeldung.
Rifredi | Viale Gaetano Pieraccini 15 | Bus: Pieraccini 06 | Tel. 21 22 45

MUSEEN UND GALERIEN
Museo Stibbert ▶ S. 116

ESSEN UND TRINKEN
RESTAURANTS
Chalet Fontana ▶ S. 29

Trattoria da Ruggero 🚩 C 6
Wie bei Muttern – Wer in Florenz auf Nummer sicher gehen will, bestellt einen Tisch in dieser unscheinbaren Trattoria. Ob man nun Bandnudeln mit Hasenragout, Kochfleisch in grüner Soße oder gegrillte Steinpilze bestellt, hier wird man nie enttäuscht.
Colline Sud | Via Senese 89r | Bus: Sal Gaggio 01 | Tel. 22 05 42 | Mo–Do 12.30–14.30, 19.30–22.30 Uhr | €€

CAFÉS UND EISDIELEN
Carapina 🚩 H 3
Traditionell sind an dieser Eisdiele nur die versenkbaren Kühlbehälter. Bei der Sortenauswahl ist man mit Vin-Santo-Eis, Birnensorbet oder den kühlen Käse-Kreationen eher innovativ.
Campo di Marte | Piazza Oberdan 2r | Bus: Oberdan | Tel. 67 69 30 | im Sommer 10–24, im Winter 10–19 Uhr

EINKAUFEN
Il Palagiaccio 🚩 H 3
Agri-Delikatessen in Hülle und Fülle! Alles was in diesem Bauernladen über die Theke geht, die Käsesorten, das frische Fleisch, die nicht genmanipulierten Getreideprodukte, stammt aus einem fast 1000-jährigen Gutsbetrieb im Norden der Toskana und ist mit dem regionalen Gütesiegel »Agriqualità Toscana« versehen.
Campo di Marte | Via Vincenzo Gioberti 9 r | Bus: Villa Arrivabene | www.pala giaccio.com | tgl. 9–13, 15–19 Uhr

KULTUR UND UNTERHALTUNG
Nuovo Teatro dell'Opera di Firenze   🚩 B 2
Wer behauptet, Italien investiere nicht in Kultur, wird mit dem 2014 eingeweihten neuen Opernhaus eines Besseren belehrt. Es ist der Sitz des renommierten Festivals für die klassische Moderne, Maggio Musicale Fiorentino, unter Leitung von Zubin Mehta. Auch architektonisch ist der kühne, avantgardistische Bau mit kantigen Formen eine Attraktion, die einen Kontrast zur mittelalterlichen Altstadt bildet.
Rifredi | Via Fratelli Rosselli 2 | Bus, Tram: Porta al Prato | Tel. 2 77 93 50 | www.operadifirenze.it | ♿

MUSEEN UND GALERIEN

Man muss schon lange suchen, um eine vergleichbare Konzentration von Kunstwerken zu finden. Das hat die Museenmetropole Florenz der Sammelleidenschaft ihrer Fürsten, der Medici und der Lothringer, zu verdanken.

»Die Serenissima Anna Maria Luisa de' Medici übergibt Großherzog Franz II. von Lothringen als Geschenk alle beweglichen Güter und Raritäten – unter der ausdrücklichen Bedingung, dass nichts von dem, was zur Verschönerung des Staates, zum Nutzen des Volkes und zur Förderung der Neugier der Fremden dient, aus der Hauptstadt des Großherzogtums Florenz und aus dem Großherzogtums Toscana entfernt und abtransportiert werden darf.«

DAS ERBE DER MEDICI

Diese Worte aus dem Testament der letzten Medici-Erbin wollen mit Bedacht gelesen sein. Erst dann begreift man, was 1737 in Florenz passierte. Nachdem ihr Bruder, der letzte Medici-Herzog Gian Gastone gestorben war, sorgte die ebenfalls kinderlose Witwe in einem Akt wahrhaft fürstli-

◀ Im Museo Salvatore Ferragamo (▶ S. 115) könnte man zum Schuhfetischisten werden.

cher Großzügigkeit dafür, dass der legendäre Medici-Kunstschatz nicht in alle Winde verstreut wurde. Das war der Ursprung der Museenmetropole Florenz mit seinen über 70 Museen, wo man regelrecht in einer Fülle von Kunstschätzen schwelgt. Sie alle hier zu nennen, sprengt den Rahmen. Ebenso ist es unmöglich, allgemeingültige Regeln für Öffnungszeiten, Ruhetage und Eintrittspreise zu finden. Deswegen nur einige Tipps: Überlegen Sie es sich, ob es in der Hauptreisezeit unbedingt die Uffizien, der David in der Akademie oder die Medici-Kapelle sein müssen. Warteschlangen sind ohne vorbestellte Karten dort garantiert.

Casa Buonarroti   F3
Michelangelo hat selbst nie in dem Palazzo gelebt, der seinen Namen trägt. Er kaufte ihn für einen Neffen, der daraus eine Ruhmesgalerie für den Onkel und einen Künstlertreff machte. Mittlerweile ist es ein kommunales Museum mit Zeichnungen und Frühwerken des Meisters sowie archäologischen Fundstücken aus dem Familienbesitz.
Santa Croce | Via Ghibellina 70 | Bus: Teatro Verdi | www.casabuonarroti.it | Mi–Mo 10–16, im Sommer 10–17 Uhr | Eintritt 6,50 €, erm. 4,50 €

Galleria dell'Accademia   E2
Hier steht ein Megastar: der David von Michelangelo. Wie es sich für einen Helden geziemt, hat man ihm dort eine Tribüne geschaffen, die ihn wie einen Gott erscheinen lässt. Die 5 m hohe Marmorstatue war 1504 zunächst vor dem Palazzo Vecchio aufgestellt worden, wo sie den Sieg der florentinischen Bürger gegen den Adel symbolisieren sollte. 1873 beschloss man allerdings, ihn in die Akademie der schönen Künste zu verlegen. Dort vergessen leider viele Besucher in ihrem David-Hype, dass sich im Museum weitere sehenswerte Kunstwerke befinden, Gemälde von Giotto und Masaccio, die Giganten des Michelangelo sowie kostbare russische Ikonen. Unbedingt Karten vorbestellen!
San Giovanni | Via Ricasoli 58–60 | Bus: Piazza San Marco | www.polomuseale.firenze.it | Di–So 8.15–18.50 Uhr | Eintritt 8 €, Kinder frei, erm. 4 €

9 Galleria degli Uffizi   E4
Die Mariendarstellungen von Filippo Lippi, Botticellis schaumgeborene Venus, Leonardo da Vincis »Anbetung der Könige aus dem Morgenland«, Tizians »Venus von Urbino«, Michelangelos bahnbrechende Skulpturen und und und. Das U-förmige Museum zwischen Palazzo Vecchio und Arnoufer bietet Kunst von höchster Qualität in seltener Fülle. Fürst Cosimo I. hatte das Verwaltungsgebäude – deswegen der Name – 1560 bei Giorgio Vasari in Auftrag gegeben, um von hier aus die Toskana zu regieren. Doch schon sein Sohn Francesco ließ im obersten

Stockwerk Ateliers und Werkstätten für Künstler einrichten und beauftragte Bernardo Buontalenti, ihm für seine Gemälde, Skulpturen und Instrumente die achteckige Sala della Tribuna zu entwerfen. Sie ist nach wie vor das Kernstück der Galerie. Bei einer späteren Neuordnung wurden die Waffen und archäologischen Funde der Medici-Sammlung auf andere Museen verteilt, während nach der Auflösung von Kirchen und Klöstern in der Buonaparte-Zeit zahlreiche sakrale Kunstwerke hinzukamen. Heute füllen die Kunstschätze rund 80 Räume.
Santa Croce | Piazzale degli Uffizi | Bus: Galleria degli Uffizi | www.polomuseale.firenze.it | Di–So 8.15–18.50 Uhr | Eintritt 8 €, Kinder frei, erm. 4 €

Museo di Antropologia e Etnologia 👶   ⚑ E3
Paolo Mantegazza, erster italienischer Professor für Anthropologie und Ethnologie, überließ nach seinem Tod 1910 seine Privatsammlung mit Kulturzeugnissen aus allen Erdteilen der Naturwissenschaftlichen Fakultät. Bis heute bildet sie den Hauptbestand dieses wundervoll altmodischen Museums, wo die Objekte noch wie zu Lebzeiten des Profs in hohen Holzvitrinen aufbewahrt werden.
San Giovanni | Via Proconsolo 12 | Bus: Proconsolo | www.msn.unifi.it | Okt.–Mai Mo, Di, Do, Fr 9–17, Sa, So 10–17, Juni–Sept. Do–Di 10–18 Uhr | Eintritt 6 €

Museo Archeologico Nazionale 👶   ⚑ F2
Anderswo wären die Chimäre von Arezzo (5. Jh. v. Chr.) oder die bronzene Rednerstatue (1. Jh. v. Chr.) der Publikumsmagnet schlechthin. In der reichen Kunststadt Florenz finden diese Meisterwerke etruskischer Kunst dagegen wenig Beachtung, wie das Archäologische Museum überhaupt, das sie beherbergt. Den Grundstock der hochrangigen Antikensammlung bildeten ägyptische, etruskische, griechische und römische Fundstücke, die von den Medici und den Lothringern zusammengetragen wurden. 1870 wurde sie von den Uffizien in den Palazzo della Crocetta verlegt und seitdem durch Schenkungen und Zukäufe ständig aufgestockt.
San Giovanni | Piazza SS. Annunziata 9 b | Bus: SS. Annunziata | www.archeotoscana.beniculturali.it | Di–Fr 8.30–19, Sa–Mo 8.30–14 Uhr | Eintritt 4 €, Kinder frei, erm. 2 €

Museo delle Cappelle Medicee ⚑ E2
Kunsthistoriker Jakob Burckhardt kommentierte sie als »plumpe Großartigkeit«. Trotzdem sollte man die Grabkapelle der Medici wegen ihrer grandiosen Steinmosaik-Ausstattung nicht verpassen. Hinreißend schön ist indes die von Michelangelo entworfene neue Sakristei daneben, mit seinen Allegorien von Morgenröte und Dämmerung, Tag und Nacht. Wegen der Harmonie von Skulptur und Architektur gilt sie als Glanzlicht der Hochrenaissance.
San Giovanni | Piazza di Madonna degli Aldobrandini 6 | Bus: Cappelle Medicee | www.polomuseale.firenze.it | tgl. 8.15–13.50 Uhr | Eintritt 6 €, Kinder frei

Museo di Casa Martelli 👶   ⚑ E3
Der Palazzo zeigt anschaulich Wohnkultur und Kunstverständnis einer Adelsfamilie des 18. Jh. Gleichzeitig

machen zahlreiche Trompe-l'œil-Malereien die Räumlichkeiten zu einem Meisterwerk der Illusion.
San Giovanni | Via Zannetti 8 | Bus: Olio | www.polomuseale.firenze.it | Do 14–19, Sa 9–14, 1., 3. und 5. So 9–14 Uhr | Eintritt frei | ♿

Museo Casa Rodolfo Siviero F4
Der Kunstexperte Rodolfo Siviero (1911–1983) holte nach dem Krieg zahlreiche von den Nazis gestohlene Bilder und Skulpturen nach Italien zurück. In seinem Wohnhaus am Arno ist allerdings seine Privatsammlung mit Exponaten von der Antike bis ins 20. Jh. ausgestellt.
Santo Spirito | Lungarno Serristori 1–3 | Bus: Piazza Poggi | www.museocasasiviero.it | Sa 10–18, So, Mo 10–13 Uhr | Eintritt frei

Museo della Fondazione Roberto Capucci E 4/5
Im Rotationssystem präsentiert man hier, gemeinsam mit seinen Skizzen, Entwürfen und Fotografien, rund 400 Stoffskulpturen, die der Meister der Haute Couture, Roberto Capucci, zwischen 1951 und 2007 geschaffen hat.
Santo Spirito | Villa Bardini, Costa San Giorgio 2 | Bus: Bardi | Di–So 10–19 Uhr | Eintritt 8 € | www.bardinipeyron.it

Museo Galilei E 4
Der Sammelleidenschaft der Medici ist es zu verdanken, dass die meisten Originalinstrumente in dem Museum für Wissenschaftsgeschichte auch nach Jahrhunderten in perfektem Zustand sind. Denn wurde seinerzeit irgendwo ein neues Instrument entwickelt, lie-

Im Museo Galileo (▶ S. 113) sind die Originalinstrumente zu sehen, mit denen der berühmte Astronom Galileo Galilei die Himmelskörper erforschte, u. a. diese bildschöne Armillarsphäre.

Riesig ist das Angebot an Skulpturen, die man im Museo Nazionale del Bargello (▶ S. 115) bestaunen kann: u. a. von Michelangelo, Andrea della Robbia, Donatello, Giambologna.

ßen die toskanischen Fürsten davon sofort eine Kopie anfertigen und stellten es in eine Vitrine.
Santa Croce | Piazza dei Giudici 1 | Bus: Galleria degli Uffizi | www.museogalileo.it | Mi–Sa, Mo 9.30–18, Di 9.30–13 Uhr | Eintritt 9 €, Kinder 5,50 €

Museo Gucci   E3
Das Luxuslabel hat sich in seiner Heimatstadt ein Denkmal gesetzt: Ein Museum gegenüber vom Palazzo Vecchio erzählt auf drei Stockwerken anhand von ausgewählten Bekleidungsstücken die Firmengeschichte nach.
Santa Croce | Piazza della Signoria 10 | Bus: Condotta | www.guccimuseo.com | tgl. 10–20 Uhr | Eintritt 7 €

Museo Marino Marini   D3
Pferde in einer Kirche, allerdings aus Bronze und Stein. Damit überrascht dieses dem toskanischen Bildhauer Marino Marini (1901–1980) gewidmete Museum in der ehemaligen Privatkapelle der Familie Ruccellai.
Santa Maria Novella | Piazza San Pancrazio | Bus: Santa Maria Novella | www.museomarinomarini.it | Mo, Mi–Sa 10–17 Uhr | Eintritt 6 €, Kinder frei

⭐ Museo Nazionale del Bargello (Bargello-Museum) 👥   E3

Grandioser Donatello! Allein sein bronzener David (1440) lohnt hier den Besuch. Dabei ist in dem Skulpturenmuseum in der alten Stadtburg die Crème de la Crème der Renaissancebildhauerei, von Verrocchio bis Giambologna, versammelt. Hier befindet sich in der Münzsammlung im Obergeschoss zudem das vielleicht wichtigste Zeugnis Florentiner Größe: der nicht einmal 2 cm große Goldflorin, die Leitwährung des Mittelalters.

Santa Croce | Via Proconsolo 4 | Bus: Ghibellina | www.polomuseale.firenze.it | tgl. 8.15–13.50 Uhr | Eintritt 4 €, Kinder frei, erm. 2 €

Museo Novecento 👥 🚩   D3

Florenz hat endlich auch ein kommunales Museum für die Kunst des 20. Jh. In einem restaurierten Kloster ist seit Mai 2014 ein Mix aus 300 Gemälden, Zeichnungen, Skulpturen, Videokunst, Fotografien, Designobjekten und Architekturentwürfen zu sehen, die meisten von toskanischen Künstlern.

Santa Maria Novella | Piazza di Santa Maria Novella 10 | Bus: Stazione Centrale | www.museonovecento.it | Sa–Mi 10–21, Do 10–14, Fr 10–23 Uhr, im Winter Mo–Mi 10–18, Do 10–14, Fr. 10–21, Sa, So 10–20 Uhr | Eintritt 8,50 €, Kinder frei

Museo dell'Opera di Santa Maria del Fiore (Dommuseum) 👥 🚩   E3

In dem 2015 vollkommen neu gestalteten Museum sind sämtliche Schätze aus den drei Sakralbauten am Domplatz vereint. Angefangen bei den niemals angebrachten Fassadenskulpturen von Arnolfo di Cambio über eine späte Pietà von Michelangelo, die originale Paradiespforte von Lorenzo Ghiberti bis zu der hinreißenden Magdalena von Donatello. Die Holzfigur beweist, wie weit der große Künstler seiner Zeit voraus war.

San Giovanni | Piazza del Duomo 9 | Bus: Proconsolo | www.ilgrandemuseodelduomo.it | Wiedereröffnung am 29. Okt. 2015 | ♿

Museo del Palazzo Vecchio 👥   E4

Die pompösen Schlachtbilder in der riesigen Sala dei Cinquecento oder die von Bronzino gestalteten Wohngemächer der Eleonora di Toledo aus der Zeit des Manierismus: Alles in den oberen Stockwerken des Florentiner Rathauses diente der Verherrlichung der Medici. Und lassen Sie sich dort auch den Wehrgang und den Aufstieg auf den 94 m hohen Turm nicht entgehen. Sie werden für Ihre Mühe mit einem herrlichen Blick belohnt.

Santa Croce | Piazza della Signoria | Bus: Galleria degli Uffizi | www.museicivicifiorentini.comune.fi.it | Fr–Mi 9–21, Do 9–14 Uhr, im Winter 9–19 bzw. 9–14 Uhr | Eintritt Museum: 10 €, Teatro Romano: 2 €, Turm: 10 €, Museum & Teatro Romano: 12 €, Museum & Turm: 14 €, alle zusammen 16 €, Kinder frei

Museo Salvatore Ferragamo   D3

Im Privatmuseum des Modeimperiums Ferragamo wird die Familiensaga vom armen Schuster, der sich durch Kreativität und Fleiß zum Schuhstylisten hocharbeitete, zelebriert.

Santa Maria Novella | Piazza Santa Trinità 5r | Bus: Coverelli | www.ferragamo.com | tgl. 10–19.30 Uhr | Eintritt 6 €, Kinder frei

Museo Stefano Bardini 🚻 E 4

Der Antiquitätenhändler Stefano Bardini erwarb Ende des 19. Jh. in Oltrarno gleich mehrere Paläste der Nobelfamilie Mozzi und baute einen davon zum Privatmuseum für seine Sammlung hockkarätiger Skulpturen, Gemälde, Wandteppiche und Musikinstrumente um. Dabei ließ er antike und mittelalterliche Kapitele, Treppen oder Säulenfragmente mitverarbeiten, die als »Bauschutt« bei der Stadtsanierung um 1870 angefallen waren.

Santo Spirito | Via dei Renai 37 | Bus: Ponte alle Grazie | www.museicivici fiorentini.comune.fi.it | Mo, Fr–So 11–17 Uhr | Eintritt 6 €, Kinder frei, erm. 4,50 €

Museo Stibbert 🚻 nördl. E 1

Mit Reisemitbringseln aus der ganzen Welt schuf sich Ende des 19. Jh. der anglo-italienische Lebemann Frederik Stibbert in seiner Villa ein eigenes volkskundliches Museum. Dazu mischte er respektlos Kunst mit Kitsch und Wertvolles mit Banalem.

Rifredi | Via Federico Stibbert 26 | Bus: Gioia | www.museostibbert.it | Mo–Mi 10–14, Fr–So 10–18 Uhr | Besichtigung nur mit Führung möglich | Eintritt 8 €, Kinder 6 €

Museo di Zoologica »La Specola« 🚻 D 4/5

La Specola hieß die Sternwarte, die sich zu Galileis Zeiten in diesem Palast in der Nachbarschaft des Boboli-Gartens befand. Heute beherbergt er eine große Sammlung von Tierpräparaten, darunter ein Nilpferd, das einige Jahre im Park nebenan lebte, sowie mehr als 1400 verblüffend naturgetreue Wachsnachbildungen von menschlichen Körpern und Organen, die im 18. Jh. Medizinern zum Studium dienten.

Santo Spirito | Via Romana 17 | Bus: Piazza San Felice | www.msn.unifi.it/visita | im Sommer Di–So 10.30–17.30, im Winter Di–So 9.30–16.30 Uhr | Eintritt 6 €, Kinder 3 €

⭐ Palazzo Pitti 🚻 D 4

Gleich sechs unterschiedliche Sammlungen beherbergt die weitläufige Residenz der Medici auf der linken Arno-Uferseite, zu der auch der monumentale Boboli-Garten dahinter gehört. Man kann sie einzeln besuchen oder eine Gemeinschaftskarte kaufen, die drei Tage lang gültig ist.

Santo Spirito | Piazza de Pitti 1 | Bus: Pitti | www.polomuseale.firenze.it | Öffnungszeiten ▶ jeweilige Sammlung | Gemeinschaftskarte 11,50 €, Kinder frei

Galleria d'Arte Moderna

Besondere Beachtung in der 1860 gegründeten Galerie für moderne toskanische Kunst direkt neben den Fürstengemächern verdienen vor allem die »Macchiaioli«, ein den Impressionisten nahestehender Künstlerkreis.

Di–So 8.15–18.45 Uhr | Eintritt 8,50 €, Kinder frei, erm. 4,25 €

Galleria del Costume

Der Meridiana-Palast im Palastgarten bietet einen Querschnitt durch die neuere Kostümgeschichte.

Tgl. Nov.–Feb. 8.15–16.30, März 8.15–17.30, April, Mai, Sept., Okt. 8.15–18.30, Juni–Aug. 8.15–19.30 Uhr | Eintritt 7 €, Kinder frei, erm. 3,50 € | Ticket gilt auch für Giardino di Boboli, Museo degli Argenti, Museo delle Porcellane und Giardino Bardini

Galleria Palatina und Appartamenti Monumentali

In dieser Repräsentationsgalerie auf dem Piano Nobile ist der Prunk zu besichtigen, mit dem sich die toskanische Fürstenfamilie umgab.
Öffnungszeiten und Eintritt ▶ Galleria d'Arte Moderna

Museo degli Argenti

In diesem Silbermuseum kann man darüber staunen, womit sich europäische Königs- und Fürstenhäuser gegenseitig beschenkten.
Öffnungszeiten und Eintritt ▶ Galleria del Costume

Museo delle Porcellane

Einst züchteten die Medici-Großherzöge im Kavaliersgarten hinter ihrem Palazzo Seidenraupen. Heute sind dort kostbare Arbeiten europäischer Porzellanmanufakturen untergebracht.
Öffnungszeiten und Eintritt ▶ Museo degli Argenti

Teatro Romano im Palazzo Vecchio   E4

Da soll der Museumsschalter vergrößert werden, und schon stößt man auf irgendwelche Ruinen, und die Arbeiten liegen brach. So geschehen 2004 im Palazzo Vecchio, wo man bei Umbauarbeiten Reste des römischen Theaters, darunter Eingangsbereich und Orchestergraben, entdeckte. Seit Frühjahr 2015 ist die archäologische Fundstätte auch für das Publikum geöffnet.
Santa Croce | Piazza della Signoria | Bus: Galleria degli Uffizi | www.museicivicifiorentini.comune.fi.it | Fr–Mi 9–19, Do 9–14 Uhr | Eintritt 4 € | ♿

Die Sammlung in der Galleria del Costume im Palazzo Pitti (▶ MERIAN TopTen, S. 116) zeigt Exponate aus unterschiedlichen Epochen: vom 18. Jh. bis zur Neuzeit.

Im Fokus
Florentiner Mosaik – Malerei in Stein

Steinintarsienhandwerkerin ... Alles haben die Eltern von Sara G. versucht, um ihrer Tochter diesen Berufswunsch auszureden. Für sie eine nicht mehr zeitgemäße und brotlose Kunst. Doch die junge Frau aus Florenz gab nicht auf.

Sie blieb hart. Hart wie die Schmucksteine, mit denen sie es heute in der Werkstatt des Opificio delle Pietre Dure zu tun hat: roter Porphyr, dunkelgrüner Nephrit, heller Jaspis, blauer Lapislazuli, opalisierende Jade, roter Achat, goldleuchtender Chalzedon, braunweißer Sardonyx, rotweißer Karneol. Sie sägt sie an der Werkbank mit einem Draht zunächst zu 2 mm dünnen, bildhaften Formen zurecht und setzt sie anschließend fugenlos zu einem Tafelbild zusammen. »Zum Schluss wirken die Artefakte wie gemalt.«

Sara G. lernte dieses aberwitzige florentinische Kunsthandwerk kurz vor ihrem Abitur kennen. Damals besuchte sie in ihrer Heimatstadt mit ihrer Klasse zum ersten Mal das Museum, das zur Werkstatt gehört. Wie gebannt stand sie vor den heraldischen Ornamenten, allegorischen Figuren, biblischen Szenen und weiträumig gestaffelten Landschaften aus farbigen Halbedelsteinen, die dort als Bilder an der Wand hingen oder in Tische und Kommoden eingelassen waren. »Für mich war es Liebe auf den ers-

◀ Teuerstes Möbelstück der Welt: ein florentinischer Kabinettschrank (▶ S. 120).

ten Blick«, erzählt sie, während sie auf der Werkbank ein blattförmig zugeschnittenes Stück Jade exakt in den halbfertigen Baum vor sich auf der Werkbank einfügt. »Ich war so fasziniert von diesem Kunsthandwerk, dass ich mehrere Jahre auf einen der wenigen Ausbildungsplätze gewartet habe.« Prüfend kontrolliert sie dann, ob Farbton und Größe auf dem bukolischen Landschaftsgemälde neben ihr, das ihr als Vorlage dient, mit dem Mosaik übereinstimmen. »Man braucht unendliche Geduld, hohe Präzision, gute Materialkenntnis, großes handwerkliches Geschick und schafft doch nur 10 cm² in zwei Monaten.«

NEUE DIMENSIONEN DES MALERISCHEN

Die Idee, ornamentale sowie floreale und figurale Motive aus Gestein zu einem Bild zusammenzufügen, geht auf die Antike zurück. Die Römer nutzten jedoch vorwiegend farbigen Marmor, um ihre Fußböden und Wände mit Ziermotiven oder Figuren zu dekorieren. In der Renaissance wurde diese Kunst wiederentdeckt. Im hocheleganten Klima des Florentiner Manierismus interessierte man sich dann später eher für die Verarbeitung von Halbedelsteinen. Und so holte Medici-Fürst Ferdinando I., der sich an schillernden Vasen aus Bergkristall und zweifarbig geschichteten Gemmen nicht satt sehen konnte, im Jahr 1588 Experten aus Mailand nach Florenz und richtete ihnen in den Uffizien eine Werkstatt ein, den Opificio delle Pietre Dure. In dieser Manufaktur entwickelten die Steinintarsienhandwerker in den folgenden drei Jahrhunderten zunächst Techniken, um das harte Gestein, zu dem Marmor im Vergleich wie Butter ist, zuzuschneiden und steigerten anschließend das ornamentale Ineinanderarbeiten von farbigen Halbedelsteinen in eine völlig neue Dimensionen des Malerischen. Dafür wurden sie in ganz Europa berühmt.

Anfangs arbeiteten sie nur für die Medici, die ihre Residenz und die Landvillen mit den farbigen Miniaturen, Tischen und Möbeln mit Einlegearbeiten schmückten oder sie an die europäischen Königshäuser verschenkten. Jedes war ein kleines Wunderwerk, das prachtvolle Materialien mit optischer Illusion verband und wo die Farben wie mit dem Pinsel aufgetragen erschienen, in Wirklichkeit aber ein Produkt der Natur waren. Im Laufe der Zeit wurden die Artefakte von unermesslichem Wert immer kunstfertiger. Die wie Bauwerke gestalteten Monumentalschränke, wo sich Ebenholz mit Mosaiken und Gemmen abwechselten, die reich dekorierten Tischplatten, an denen über Jahre mehrere Handwerker gleichzeitig arbeiteten, und die sakralen Gegenstände, wo das Silber und die vergoldete Bronze die Schönheit der schillernden Steine noch unterstrichen, besaßen Kultstatus und sorgten dafür, dass die Pracht und der Prunk der Florentiner Fürsten sprichwörtlich wurde.

SCHWERPUNKT RESTAURIERUNG

Nach dem Ende der Medici-Dynastie führten ihre designierten Nachfolger aus dem Haus Habsburg-Lothringen die Werkstatt weiter und ließen neben ihrer Florentiner Residenz auch ihr Stammhaus, die Hofburg in Wien, mit Schöpfungen aus der Florentiner Werkstatt ausstatten. Als sie allerdings abdanken mussten und mit der liberalen Revolutionsbewegung ein sachlicherer Stil in Florenz Einzug hielt, kam die Werkstatt in Auftragsnot. Anfangs wurden noch Verkaufsausstellungen arrangiert, doch dann verlegte man sich auf die Restaurierung von Kunstwerken, was bis heute Hauptaktivität des Opificio delle Pietre Dure geblieben ist. Um die Werkstatt nicht gänzlich schließen zu müssen, zog man Ende des 18. Jh. in die Via Alfani um und richtete auch ein Museum ein. Bis heute wird dort die eindrucksvolle Geschichte dieses wohl typischsten aller florentinischen Handwerke anschaulich anhand von Werkzeugen, 600 Gesteinsproben und 800 Artefakten erzählt.

EDELSTEINMOSAIKEN VON WELTRUF

So prächtig die aus den Farbflächen glattgeschliffener kostbarer Steine komponierten Ausstellungsstücke dort auch sein mögen, es handelt sich um Ausschussware, die in den vergangenen Jahrhunderten keine Käufer gefunden hatte. Die besten Werke zieren auch heute Schlösser und Museen in ganz Europa. Viele machen von sich reden, wie der 1726 vom Duke von Somerset bestellte Kabinettschrank aus schwarzem Ebenholz, an dessen Verzierungen aus Bronze mit Goldschnitt, Lapislazuli, Amethyst, Achat, rotem und grünen Jaspis aus Sizilien und weiteren Edelsteine 30 Handwerker fünf Jahre lang gearbeitet hatten. Nachdem er dem Fürsten von Liechtenstein bei einer Auktion sensationelle 19 Mio. Pfund wert war, gilt er als das teuerste Möbelstück der Welt. Weltruf erlangten auch vier Florentiner Mosaikbilder, die 1755 von der russischen Zarin Elisabeth in Auftrag gegeben wurden. Sie wollte damals endlich das legendäre Bernsteinzimmer, das Soldatenkönig Friedrich Wilhelm I. ihrem Vater Peter, dem Großen geschenkt hatte, aufstellen, nur reichten die kostbaren Vertäfelungen für den dafür vorgesehen Raum in ihrem Sommerpalast nicht aus. Daraufhin ließ sie unter anderem auch vier Edelstein-Bilder in der Florentiner Werkstatt anfertigen und einfügen. Im Zweiten Weltkrieg wurde das Bernsteinzimmer im Auftrag Hitlers von Wehrmachtssoldaten demontiert und ist seitdem verschollen. Das Einzige, was davon jemals wieder auftauchte, war eines der Florentiner Mosaike.

FLORENTINISCHES BERNSTEINZIMMER

Eine Art florentinisches Bernsteinzimmer hatte auch schon der Medici-Fürst Ferdinando I. bei der gerade erst gegründeten Manufaktur in Auftrag gegeben: den Wandschmuck für die im Jahr 1604 begonnene Fürstenkapelle in der San-Lorenzo-Kirche, in der dann die sechs Großherzöge aus dem Haus Medici beigesetzt wurden. Sein ehrgeiziges Projekt sah vor, den Raum vom Boden bis zur Kuppel vollständig mit »Pietra Dura« zu verkleiden. Diese Pläne musste er allerdings zurückschrauben, und so wurden nur die Seitenwände mit den kostbaren Edelsteinmosaiken bedeckt. Trotzdem sollte die Fertigstellung nahezu zwei Jahrhunderte in Anspruch nehmen.

Um ausreichend Material dafür zu haben, schickte der Großherzog seine Bediensteten in die ganze Welt. Er drohte ihnen, sie ins Gefängnis zu werfen, kämen sie ohne verwertbare Steine zurück. »Das war augenscheinlich nicht der Fall«, weiß Sara G. und zeigt auf den großen Stapel Steinblöcke, der den hinteren Teil des Werkstatthofes einnimmt. Die grob zurechtgehauenen Steine stammen aus Indien und Afrika, Böhmen und dem Elsass, und in ihrem Inneren verbergen sie die kostbaren Naturprodukte. Weiteres Material befindet sich, so Sara G., schon zu Scheiben vorgeschnitten, auf dem Museumsdachboden. »Das reicht aus, um noch jahrhundertelang dünne Steinscheibchen zurechtzusägen und sie zu Ornamenten, Figuren und Landschaften zusammenzufügen.«

Allerdings gäbe es da ein Problem, meint die junge Frau bedauernd. »Steinintarsienhandwerk ist regelrecht aus der Zeit gefallen, und wir kämpfen ums Überleben.« Heute fehlten sowohl genügend potenzielle Kunden, die sich ein Florentiner Mosaik leisten können, als auch Handwerker, die genügend Leidenschaft und Geschicklichkeit mitbringen, um dieses einzigartige Kunsthandwerk fortzuführen. So arbeiten mit Sara G. nur noch eine Handvoll Experten in der florentinischen Steinwerkstatt – weltweit ist es gerade einmal ein Dutzend –, ihre Hauptaufgabe ist es, Artefakte aus der Vergangenheit zu restaurieren. »Da bleibt nur wenig Zeit, neue Mosaike zu kreieren. Dabei könnten gerade sie uns helfen, die Werkstatt in Zukunft zu finanzieren.«

SPAZIERGANG
AUF DEN SPUREN DER RESTAURATION – QUER DURCH DIE ALTSTADT

Kurz und unerwünscht war das sechsjährige Intermezzo von Florenz als Hauptstadt des neu gegründeten Königreiches Italien. Der toskanische Staatsmann Baron Bettino Ricasoli nannte es sogar »eine Tasse Gift«. Damals begann eine Stadtsanierung, die das Gesicht der Stadt stark veränderte. Weil Florenz Mitte des 19. Jh. eine veraltete Stadt mit unzeitgemäßer Infrastruktur war, entschied man sich für drastische Maßnahmen.

◀ Stadt, Land, Fluss: Blick von der Aussichtsterrasse am Piazzale Michelangelo (▶ S. 123).

START	Piazzale Ferrucci, Bus: 13
ZIEL	Kloster San Marco, Piazza San Marco
LÄNGE	Ca. 5 Kilometer

Die Wahl stand fest. 1865 sollte Florenz Hauptstadt werden. Erst da merkte man, dass es an Wohnraum fehlte. Denn es wurde nicht nur der König erwartet, er hatte 50 000 Staatsbeamte im Gefolge. Der Architekt und Stadtplaner **Giuseppe Poggi** erhielt den Auftrag, neue Wohnviertel zu planen und gleichzeitig die Stadt vor neuen Arno-Hochwassern zu schützen.

Nur wenige Monate später legte er sein Modernisierungsprojekt vor. Er wollte die neuen Quartiere auf der nördlichen Arnoseite bauen, außerhalb des mittelalterlichen Mauerrings. Der sollte allerdings abgerissen und an seiner Stelle eine vierspurige Ringstraße wie in Paris oder Wien gebaut werden. Für die gegenüberliegende Uferseite entwarf Poggi in den Hügeln eine Promenade, die den Arno mit der **Basilika San Miniato** ⭐ verbinden und von dort bis zum Stadttor **Porta Romana** auf der anderen Seite der Hügel weiterführen sollte. Die Bauarbeiten begannen im Mai 1865 und waren nach fünf Jahren weitgehend abgeschlossen. Eine titanische Kraftanstrengung, die Florenz an den Rand des Ruins brachte.

Ankunft am Piazzale Michelangelo

Der Ausflug in das erneuerte Florenz beginnt an der Piazza Ferrucci, am Fuße der baumbestandenen Allee hoch zum **Piazzale Michelangelo**. Breite Fußwege rechts und links machen den Spaziergang durch dieses Spiel aus Licht und Schatten, Schönheit und Poesie, sattem Grün und wunderschönen Villen zu einem halbstündigen Vergnügen. In Anbetracht dessen, was noch vor Ihnen liegt, ist es ratsam, dort die Buslinie 13 zu nehmen. Dann stehen Sie nach 5 Min. oben auf der **Aussichtsterrasse** und können sich vorne an der Brüstung am unvergesslichen Panorama der Kunststadt erfreuen: ein rotes Dächermeer, zweigeteilt vom silbrigen Arno, über dem die imposante **Brunelleschi-Kuppel** ⭐ schwebt. Dahinter in der Ferne, links der dürre Rücken des Monte Morello, in der Mitte die harmonischen Hügel mit der weißen Villenlandschaft von Fiesole und rechts die schwarze Bergsilhouette von Vallombrosa.

Der Poggi-Plan

Hier oben versteht man auch, was Giuseppe Poggi damals konkret veränderte. Am westlichen Rand des linken Arnoufers, **Oltrarno** genannt, ziehen sich die Reste der mittelalterlichen **Stadtmauer** vom Stadttor Porta San Miniato bis zur Medici-Festung Fortezza Belvedere den grünen Hügel hinauf. Auf der gegenüberliegenden Arnoseite, östlich der Altstadt, wo sich der alte Münzturm erhebt, nimmt hingegen die 1865 begonnene, vierspurige **Ringstraße** ihren Anfang, die heute anstelle des Mauerrings im Halbkreis um die Innenstadt führt. Giuseppe Poggi ließ nur die alten Stadttore unberührt und legte um sie herum großzügige Plätze mit herrschaftlichen Häusern an. Beispiele sind die Piazza Beccaria an der alten Porta Santa Croce und die Piazza

Libertà an der Porta San Gallo. Einen kuriosen Sonderfall bildet dabei die **Piazza Donatello** dazwischen. Dort war vor der Stadtmauer 1827 der »Englische Friedhof« für Nichtkatholiken entstanden, auf dem auch prominente Ausländer wie die englische Schriftstellerin **Elizabeth Barrett Browning** begraben sind. Um die rund 1400 Gräber nicht umlegen zu müssen, plante Poggi eben die Straße um sie herum, sodass der Friedhof seitdem dort die Verkehrsinsel bildet. Mit der ewigen Ruhe für die Toten war es damit zwar vorbei, dafür hat ihnen der Schweizer Maler **Arnold Böcklin**, der in Fiesole lebte, mit seinem weltberühmten Gemälde »Die Toteninsel« allerdings ein Denkmal gesetzt. Rechts von der Ringstraße entstanden in der Folgezeit repräsentative Quartiere aus zweistöckigen Villen und großzügigen Mehrfamilienhäusern, die bis heute bevorzugte Wohngegend der Florentiner sind.

Poggis Geniestreich

Zurück zum Piazzale Michelangelo, diesem Geniestreich von Giuseppe Poggi. Um den hoch gelegenen Aussichtspunkt von der Arnoseite her zu befestigen, ließ er die »Rampe« anlegen, eine von Mauern gestützte **Serpentinenstraße**, mit Treppenaufgängen und kleinen Grünflächen. Den Platz selbst, der leider zum Parkplatz degradiert wurde, beherrscht eine bronzene Hommage an Michelangelo. Der David, dem die Allegorien aus der Fürstenkapelle zu Füßen liegen, ist ein Dankeschön des Königreichs Italien an die Gastgeberin Florenz. In der klassizistischen **Loggia** auf der gegenüberliegenden Straßenseite, die Giuseppe Poggi als Michelangelo-Museum gedacht hatte, befindet sich heute ein teures Restaurant mit Panoramablick.

Zu den Erneuerungsarbeiten rund um die Hügelstraße gehört die Treppe, die ein paar hundert Meter weiter stadtauswärts links zur **Basilika San Miniato** 8 hinaufführt. Auch wenn es vom Thema wegführt, sollten Sie überlegen, ob Sie nicht doch einen Blick hineinwerfen. Die **romanische Kirche**, die 1018 der Bischof Hildebrand dem späteren Reformpapst Gregor VII. auf dem Grab des frühchristlichen Märtyrers Minias errichten ließ, ist eine Ode an die Schönheit. Der monumentale Friedhof, der dort in der ersten Hälfte des 19. Jh. angelegt wurde, ist heute letzte Ruhestätte für Florentiner Notabeln, mit einem letzten, ewigen Blick auf ihre Stadt.

Poggis Hochwasserschutz

Zu den Aufgaben von Giuseppe Poggi gehörten auch Hochwassermaßnahmen. Erst im Jahr 1844 hatte eine Arnoflut wieder einmal große Schäden angerichtet. Um zu verstehen, was er geplant hatte, geht es zunächst über den Treppenweg, der kurz vor dem Kiosk am westlichen Rand des Piazzale beginnt, hinunter zum Arno. Auf der Hälfte des Fußweges, den schon Dante in seiner »Göttlichen Komödie« beschrieb, liegt rechts der kommunale Rosengarten **Giardino delle Rose**. Auch dieses botanische Juwel, das nach einem Jahrzehnte andauernden Dornröschenschlaf endlich ganzjährig besucht werden kann, gehörte zu den Begrünungsmaßnahmen Poggis für die Stützrampe des Piazzale. Besonders schön ist es hier im Monat Mai, wenn

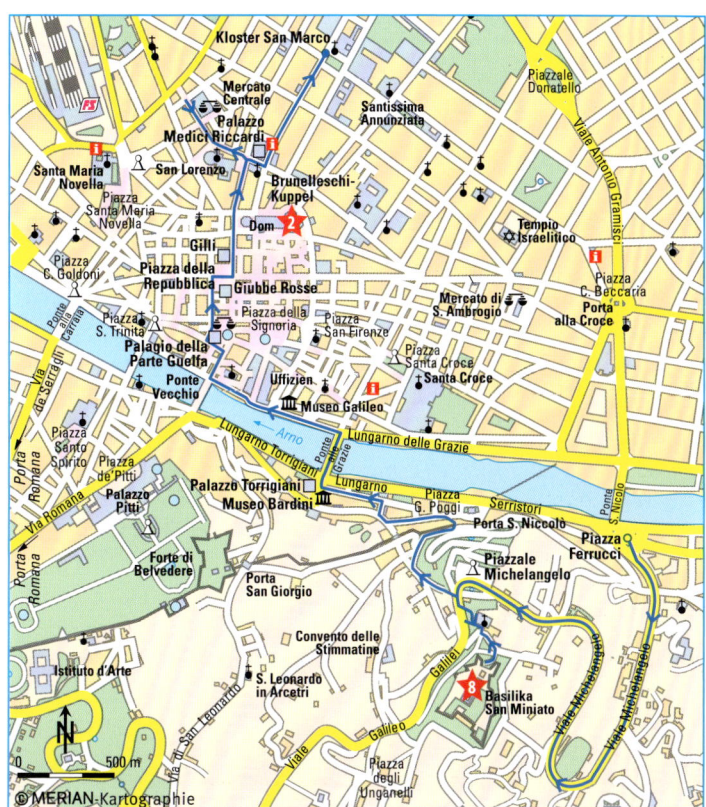

die rund 400 Rosensorten in voller Blüte stehen. Es lohnt sich auch, am Spätnachmittag noch einmal zurückzukehren, um von dort mitzuerleben, wie zur blauen Stunde die Sonne rotglühend hinter der schwarzen Apenninsilhouette verschwindet.

Am unteren Ende des Gartens führt ein Tor hinaus auf die Via dei Bastioni, von dort sind Sie in 5 Min. an der Piazza Poggi unten am **Arno**. An diesem Punkt reichte früher die Stadtmauer bis zum Fluss, wo seit dem Mittelalter einige wasserbetriebene Mühlen standen. Auch sie ließ Poggi abreißen, um das Flussbecken zu verbreitern. Mittelalterlich ist hier seitdem nur noch das Stadttor San Niccolò von 1324. Nach langjähriger Renovierung ist seine Panoramaplattform endlich wieder zugänglich. Doch aufgepasst: Davor liegen 160 Stufen!

Zu den Schutzmaßnahmen gehört übrigens auch die Arnouferstraße **Lungarno Serristori** in Richtung Zentrum. Vorher reichten dort die Häuser bis direkt ans Wasser und zwängten den Fluss in ein viel zu enges Korsett. Nach dem Abriss wurden an ihrer Stelle die breite Arnotrasse und in gebührendem Abstand dann elegante Neubauten im klassizistischen Stil gebaut, darunter das Haus des Experten für italienische NS-Raubkunst Rodolfo Sivieri an der Ecke der Piazza Poggi. Genützt hat es übrigens wenig, wie die verheerende Flut von 1966 zeigte. Sie setzte alles meterhoch unter Wasser.

Easy Living am Arnostrand

Im Sommer werden auf der Höhe der Piazza Poggi unten am linken Arnoufer Schirme und Liegestühle aufgestellt, und eine Ristobar sorgt mit DJ-Sound, Tanzperformances und Konzerten zusätzlich für gute Laune (▶ S. 15).

Zurück ins Mittelalter

Von der Piazza geht es parallel dazu über die Via San Niccolò zurück ins mittelalterliche Florenz. Nach 400 m stoßen Sie dort auf das bevorzugte Ziel nächtlicher Barhopper, einen lang gezogenen Platz mit Weinbars, Cafés, Restaurants und einer ausgezeichneten Eisdiele. Da Sie, zumindest was die Strecke betrifft, die Hälfte ihres Spazierganges hinter sich haben, sollten Sie sich hier eine Pause gönnen, vor oder hinter der **Porta San Miniato**, die sich linker Hand erhebt. Dort stehen Sie endlich vis-à-vis vor den gut erhaltenen Überresten der um 1300 erbauten **Stadtmauer**, die sich von hier den Hügel bis zum **Forte Belvedere** hochzieht. Ein Spaziergang auf der Via Belvedere, die dem Verlauf folgt, ist nicht zu empfehlen. Die Straße ist schmal, steil, stark befahren und an einigen Stellen unübersichtlich.

Setzen Sie den Spaziergang daher auf der Via San Niccolò fort und biegen nach 50 m rechts in die Via dell'Olmo. Werfen Sie direkt an der Ecke einen Blick in das kleine Ladenatelier des Streetart-Künstlers **Abraham Clet**. Seine Ideen, mit denen er Verkehrs- und Straßenschilder umgestaltet, sind wirklich witzig.

Knapp 100 m weiter beginnt links die **Via dei Renai**. Der Name erinnert an die Zeit um das Jahr 1870, als sich auf dieser Höhe die Anlegestelle der Lastenschiffer befand. Die »renai« transportierten den Flusssand und den Kies für die Bauarbeiten. Seit einigen Jahren hat man erneut die Möglichkeit, den Arno auf ihren flachen Kähnen zu befahren. Nur befindet sich die Anlegestelle auf dem gegenüberliegenden Ufer. Vorbei an einem hübschen Platz mit einem **Demidoff-Denkmal** unter einer raffinierten Dachkonstruktion aus Glas und Stahl, das nach der Uferbefestigung dort aufgestellt wurde, gelangt man zum **Museum Bardini** am Ende der Via Renai. Das städtische Museum sollten Sie sich auf keinen Fall entgehen lassen! Nicht allein wegen der reichen Privatsammlung des Museumsgründers Stefano Bardini oder einiger wichtiger Florentiner Skulpturen, wie beispielsweise das Original der Wildschwein-Skulptur vom Mercato Nuovo. Sehenswert ist auch der **Palazzo** selbst. Denn als ihn der Antiquitätenhändler 1880 erbauen ließ, verwendete er zahlreiche Fundstücke aus dem

Bauschutt, der beim Abriss der alten Gemäuer angefallen war: mittelalterliche Fensterbögen, klassische Säulen, romanische Altäre, antike Treppenstufen sowie bemalte Kassettendecken. Das Resultat ist eine theatralisch zu nennende Bühne für die hochkarätigen Ausstellungsstücke.

Von der Modernisierung zur Bausünde

Die von Giuseppe Poggi ausgeführten Modernisierungsarbeiten fanden generell bei den Bürgern Anklang. Als eine nicht wiedergutzumachende Bausünde gilt hingegen, was auf der gegenüberliegenden Seite des Arno passierte, nachdem der König samt riesigem Beamtenapparat längst nach Rom verschwunden war. Als Folge von Bauspekulation gingen im Herzen der Stadt zwischen Ponte Vecchio und dem Dom unersetzliche Zeugnisse der Florentiner Geschichte und Kultur verloren.

In gewisser Weise beginnt dieses Sakrileg bereits an der Brücke **Ponte alle Grazie**, die auf der Höhe des Museums Bardini den Arno überspannt. Als man 1870 Straßenbahnschienen auf ihr verlegte, die nach knapp hundert Jahren wieder herausgerissen wurden, verschwanden die kleinen mittelalterlichen **Brückenaufbauten**. Darin hatten u. a. sogenannte Betschwestern gelebt, unverheiratete Frauen, die sich einschließen ließen, um für das Wohl der Stadt sowie ihrer Einwohner zu beten, und die dafür von der Bevölkerung versorgt wurden.

Wie in Oltrarno wurden anschließend auf der gegenüberliegenden Seite ebenfalls die Häuser direkt am Fluss abge-

Nach einem Einkaufsbummel lädt das Gran Caffè Le Giubbe Rosse (▶ S. 129) auf der Piazza della Repubblica (▶ S. 86) zu einer gepflegten Verschnaufpause ein.

rissen, um Platz für die Ufertrassen zu schaffen. Wie es vorher dort aussah, lässt sich noch in der überbauten **Via dei Girolami** erahnen, die vor dem Ponte Vecchio beim Café delle Carozze beginnt und schräg in Richtung Uffizien führt.

Das ehemalige Ghetto

Rechts und links der Via Por Santa Maria und der Via Calimala, die vom Ponte Vecchio in Richtung Piazza Repubblica führen, befindet sich der »Bauch« von Florenz. Speziell auf der linken Seite bildete sich im Laufe von Jahrtausenden ein labyrinthisches Gewirr aus römischen Resten, mittelalterlichen Wohnhäusern und florierenden Handwerksbetrieben, an die Straßennamen wie Via delle Terme erinnern. Dort befanden sich auch der alte Lebensmittelmarkt Mercato Vecchio sowie das vom Medici-Fürsten Cosimo I. gewollte und von Bernardo Buontalenti entworfene, abschließbare **Ghetto**. Ende des 18. Jh. schafften es die lothringischen Großherzöge, die damals die Toskana regierten, ab, und die jüdischen Bewohner zogen in andere Viertel. Die Häuser zerfielen und wurden von der Florentiner Unterwelt okkupiert. So war man verständlicherweise froh, als die Verwaltung beschloss, diesen Schandfleck in Domnähe abzureißen. Doch hätte man es dabei belassen und den Rest des veralteten Viertels nach und nach modernisieren sollen, meinen noch heute viele Florentiner.

Stattdessen wurde ein großer Teil der bestehenden Bausubstanz dem Erdboden gleich gemacht, darunter ein römischer Tempel, mittelalterliche Turmhäuser und Zunfthäuser, mehrere Kirchen, zwei Synagogen sowie der Mercato Vecchio, seit der Zeit der Römer der Bauchnabel der Stadt. An ihrer Stelle baute man neoklassizistische Paläste, die architektonisch überhaupt nicht zu der Renaissancestadt Florenz passten.

Einige alte Palazzi haben den Kahlschlag zum Glück überlebt, und an ihrem Beispiel wird deutlich, was damals verloren ging. Das sicherlich schönste Beispiel mittelalterlicher Baukunst ist der **Palagio della Parte Guelfa**. Er wurde nicht angetastet, weil er als ehemaliger Sitz der Guelfenpartei das absolute Machtzentrum von Florenz gewesen war. Sie erreichen ihn von der Via Calimala aus, wenn Sie vor dem überdachten Souvenirmarkt an der Kopie des bronzenen Wildschweins nach links in die Via Calimaruzza abbiegen und über die Piazza Parte Guelfa bis zur Via Pellicceria laufen und sich dort erneut nach rechts halten. Heute befinden sich in dem festungsartigen Palast eine Filiale der Stadtbibliothek sowie der Sitz des Calcio in Costume, des historischen Ball-Spiels. Steigen Sie trotzdem ruhig die schmalen steilen Außentreppen zum ersten Stock hinauf und schauen Sie sich in den wunderschön dekorierten Sälen um. Niemand wird Sie daran hindern.

Piazza Repubblica

Am schlimmsten hat es damals den **Mercato Vecchio** erwischt, heute die Piazza Repubblica. Rund um den alten Lebensmittelmarkt mit einer monumentalen **Fischhalle** von Renaissancearchitekt Vasari und der **Abbondanza-Säule** in der Mitte, spielte sich der Florentiner Alltag ab. Man kam vorbei, feilschte, verabredete sich. Damit war es nach dem Abriss vorbei. An seiner Stelle entstand ein seelenloses Geviert aus pompösen Palästen in neoklassizistischem Stil, in die elegante Cafés und Läden sowie Luxushotels eingezogen sind. Für Florentiner ist er seitdem nur noch die Piazza Rottorio – der Trümmerplatz. Die alte Fischhalle hingegen wurde erst 1956 an anderer Stelle wieder aufgestellt, an der Piazza dei Ciompi, wo nebenan täglich Flohmarkt ist und jeden ersten Sonntag im Monat ein Antiquitätenmarkt stattfindet.

Trotzdem sind die Cafés rund um die ungeliebte Piazza natürlich ein angenehmer Ort für eine verdiente Pause, **Le Giubbe Rosse** beispielsweise, Anfang des 19. Jh. ein wichtiger Treffpunkt von Literaten und anderen Künstlern. Seinen Namen hat das Café von den roten Jacken, die die Ober auch heute noch tragen. Sehr beliebt ist auch **Gilli** gegenüber, ein Paradies für Süßmäuler.

Der Ersatz

Selbstverständlich brauchte man Ersatz für den verschwundenen Lebensmittelmarkt, und daraufhin entstand 500 m entfernt der **Mercato Centrale**, damals die größte Eisenkonstruktion Europas. Man erreicht ihn über die Via Roma, vorbei an dem polychromen Marmorgebirge aus Taufkapelle, Giotto-Glockenturm und Kathedrale und geradeaus weiter in den Borgo San Lorenzo. Dort passieren Sie zunächst die in ihrem Inneren herrlich harmonische **Basilika San Lorenzo** ⭐, biegen dahinter nach links und nehmen am Ende des erfreulicherweise von den Verkaufsbuden befreiten Kirchplatzes die Via dell'Ariento.

Es kann sein, dass zu diesem Zeitpunkt der nur vormittags stattfindende Lebensmittelmarkt im Erdgeschoss bereits geschlossen ist. Im Obergeschoss wird jedoch alles, was mit toskanischer Ess- und Trinkkultur zu tun hat, bis zum späten Abend zelebriert.

Stippvisite im Kloster

Die letzte Etappe auf den Spuren der Florentiner Stadtsanierung im 19. Jh. ist das **Kloster San Marco** ⭐. Dazu gehen Sie zunächst zurück zur Basilika und laufen dann geradeaus über die Via L. Gori bis zum Palazzo Medici-Riccardi. An der Kreuzung mit der ebenfalls 1880 vergrößerten Prachtstraße Via Cavour biegen Sie nach links und stehen nach etwa 10 Min. vor San Marco.

Was selbst viele Florentiner nicht wissen: In der ehemals modernsten Klosteranlage Italiens sind nicht nur die zauberhaften **Fresken** von Fra Angelico und andere hochkarätige Kunstwerke zu sehen. Kurz vor dem hinteren Ausgang werden in dem breiten Korridor und den anliegenden Räumen zahlreiche antike und mittelalterliche Fragmente des untergegangenen Florenz gehütet: darunter antike Säulen, frühchristliche Versatzstücke, bemalte Reste der mittelalterlichen Altstadtmauer und ein riesiges schwarzes Holzportal, die ansatzweise ahnen lassen, was im Dienste der Modernisierung verloren ging. Beschließen Sie den Rundgang mit einer florentinischen Spezialität: einer »schiacciata all'olio«, mit Olivenöl beträufeltes, salziges Fladenbrot, das im **Panificcio Pugi** gleich gegenüber vom Kloster San Marco besonders knusprig ist.

Das römische Theater in Fiesole (▶ S. 132) stammt aus Zeiten des Kaisers Augustus.

DAS UMLAND ERKUNDEN

AUSFLUG NACH FIESOLE – EIN STÄDTCHEN REICH AN KUNSTSCHÄTZEN

CHARAKTERISTIK: Heute zum Villenvorort von Florenz degradiert, war Fiesole lange vor der Gründung des römischen Florentia eine blühende Siedlung und auch später noch von strategischer Bedeutung **ANFAHRT:** mit Buslinie 7 **DAUER:** 4–5 Std. **EINKEHRTIPPS:** Ristorante I'Polpa, Piazza Mino 21/22, Tel. 5 94 85, tgl. 12–15, 19.30–22 Uhr, So-Abend geschl. €€€ | Pizzeria San Domenico, Piazza San Domenico 11, Tel. 5 91 82, www.pizzeriasandomenico.it, tgl. 12–15, 19–1 Uhr €€ **AUSKUNFT:** Ufficio Turismo Fiesole, Via Portigiani 3, April–Sept. 10–18.30, Nov. 10–17, Dez.–Feb. 10–13.30 Uhr

KARTE: ▶ S. 133

Die Buslinie 7 bringt Sie vom Florentiner Hauptbahnhof hoch zur **Piazza Mino da Fiesole**, einst das römische Forum. Von hier aus können Sie sämtliche Sehenswürdigkeiten zu Fuß erreichen. Beginnen Sie mit dem herrlichen Blick zurück auf Florenz von der Terrasse des **San-Francesco-Konvents**. Sie erreichen die kleine Anlage mit reizvollen Kreuzgängen und schattigem Klostergarten über den kurzen, steilen Weg, der auf der Talseite zwischen dem Bischofssitz und dem Priesterseminar beginnt. An der Strecke liegt auch die älteste **Kirche** von Fiesole, die jedoch meist geschlossen ist. Bevor es zurück zum Ausgangspunkt geht, sollten Sie sich das kuriose **Museum** in der Klosterkirche anschauen, das u. a. Mitbringsel franziskanischer Missionare aus den ehemaligen Kolonien enthält.

Kloster San Francesco ▶ Archäologischer Park

Durch den Klostergarten führt ein Weg hinunter, wo sich linker Hand die 1028 gegründete **Kathedrale San Romolo** erhebt. In ihrem dreischiffigen Innern gibt es Arbeiten des heimischen Renaissance-Bildhauers Mino da Fiesole, ein **Marien-Triptychon** von Bicci di Lorenzo sowie reiche **Freskenbemalung** in Apsis und Krypta. An der Rückseite des Doms befindet sich eins der verborgenen Schatzkästchen der Toskana, das **Museo Bandini** für Kirchenkunst und Terrakotten. Die Eintrittskarte gilt auch für den **Archäologischen Park**. Erst im 19. Jh. hat man die Reste eines etruskischen Tempels, der römischen Thermen und ein relativ gut erhaltenes Amphitheater aus dem 1. Jh. n. Chr. entdeckt.

Piazza Mino ▶ Monte Ceceri

Der Name Fiesole steht auch für das in der Toskana typische Nebeneinander von Stadt und Land, das Sie auf zwei kurzen Ausflügen kennenlernen können: Entweder Sie machen eine knapp einstündige Wanderung in Richtung des **Monte Ceceri**, wo Leonardo da Vinci 1506 seine misslungenen Flugversuche unternahm. Ausgangspunkt ist auch hier die Piazza Mino, wo rechts neben dem Rathaus die Via Giuseppe Verdi beginnt. Folgen Sie dem Hinweis Strada Panoramica und anschließend

Ausflug nach Fiesole | 133

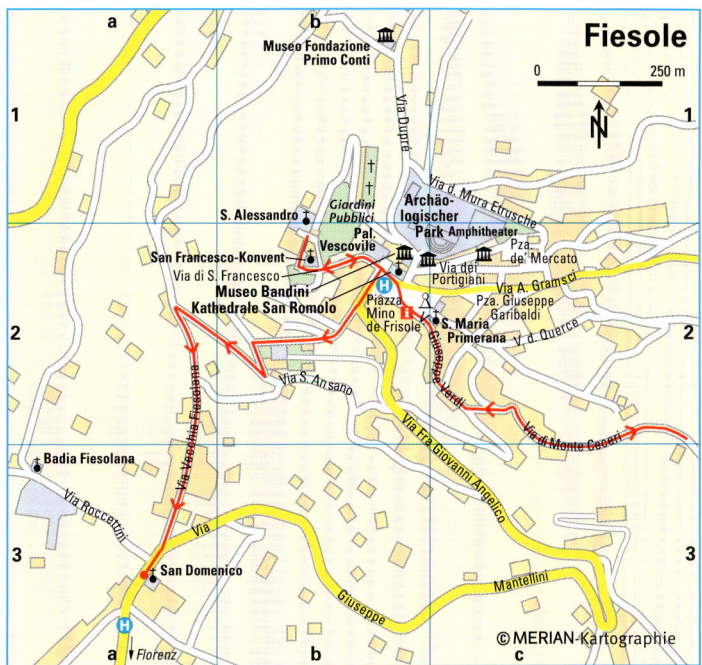

dem Straßenverlauf, wobei Sie sich immer rechts den Hang entlang halten müssen. Nach 30 Min. erreichen Sie den Park neben der Schule, wo Sie sich ausruhen können, bevor es zurückgeht.

Via Vecchia Fiesolana ▶
San Domenico

Oder Sie machen einen Spaziergang auf der schmalen **Via Vecchia Fiesolana**, die neben dem Priesterseminar auf der Florenz zugewandten Platzseite beginnt. Dabei laufen Sie in knapp 20 Min. zwischen Zypressen und Olivenbäumen hinunter nach **San Domenico**. Der Weg führt vorbei an einer von Michelozzo entworfenen **Medici-Villa**, heute in Privatbesitz, an dem kleinen **Dominikanerkonvent**, wo Malermönch Fra Angelico mehrere Meisterwerke geschaffen hat und den für die florentinischen Hügel so charakteristischen Steinmauern. An der Hauptstraße in San Domenico treffen Sie wieder auf die Buslinie 7, die Sie zurück nach Florenz bringt.

INFORMATIONEN

Museo Bandini

Via Giovanni Duprè | April–Sept. tgl. 10–19, Nov.–Feb. Mi, Fr–So 10–14, März, Okt. tgl. 10–18 Uhr | Eintritt 10 €, Kinder 6 €

Museum der Klosterkirche

Via S. Francesco 13 | www.fratifiesole.it | Di–So 9–12 und 15–17 Uhr | Eintritt frei, Spende erwünscht

DIE MEDICIVILLEN – LANDSITZE MIT LUSTGARTEN

CHARAKTERISTIK: Von den zwölf Landsitzen der Medici-Familie, die 2013 zum UNESCO-Weltkulturerbe erklärt wurden, können Sie drei von Florenz aus bequem an 1 Tag besichtigen ANFAHRT: mit Stadt- oder Überlandbus. Eine Rundreise ist nur mit Privatwagen möglich DAUER: Tagesausflug LÄNGE: 50 km EINKEHRTIPP: Il Vecchio Poggio, Via Vittorio Emanuele 51, Poggio a Caiano, Tel. 8 77 88 89, Mi–Mo 18–22 Uhr €€ AUSKUNFT: Infopoint Turistica, Castelle, Via Guiliano Sangallo 3, Jan.–März Mi–Fr 10–13.30, Sa, So 10–15, April–Dez. Mi–Fr 10–15, Sa, So 10–18 Uhr
KARTE: ▶ S. 135

»Man genießt die heiteren Tage, man hat die lieblichste Augenweide, wenn man die belaubten Hügel betrachtet, die grünen Flächen, die klaren Quellen und Bäche … ein wahres Paradies.« Als der Architekt und Mathematiker Leon Battista Alberti diese Ode an das Leben auf dem Land verfasste, waren die Humanisierung der Natur und die Naturalisierung des Menschen rund um Florenz in vollem Gang. Wer es sich leisten konnte, kaufte dem Feudaladel die wehrhaften Ansitze ab und verwandelte sie in bequeme Landvillen mit Nutz- und Ziergärten. Zu den Protagonisten der Bewegung gehörte bereits der Medici Cosimo il Vecchio, der seine Lieblingsvilla in Careggi nicht nur nutzte, um Felder zu bestellen. Er wollte dort auch seine Seele pflegen. Später lud sein Enkel Lorenzo Humanisten und Wissenschaftler dorthin ein, um gemeinsam Utopien zu formulieren.

Villa medicea della Petraia
Die schlichte Villa in **Careggi**, die Cosimo il Vecchio bei dem Renaissancearchitekten Michelozzo bestellte, wird heute von der Regionalverwaltung genutzt und ist nur nach Voranmeldung zu besichtigen. Daher beginnt die Tour mit der **Villa Petraia**, die sich stadtauswärts in Richtung Sesto Fiorentino befindet. Biegen Sie also im Florentiner Ortsteil Castello auf der Hauptstraße Via R. Giuliano bei Nr. 160 rechts in die schmale Via Petraia. Nach 800 m stehen Sie vor der Zufahrt zur Villa, die übrigens zur Kategorie Fürstenresidenz gehört. Anfangs ein turmbewehrtes, mittelalterliches Kastell, wurde sie für Fürst Ferdinando I. ab 1576 von Bernardo Buontalenti zu einem rechteckigen Bau mit Belvedere umgestaltet. Besonders aufschlussreich sind hier die **Fresken** im quadratischen Innenhof, mit denen die Medici sich selbst feierten. Der großartige **Hanggarten** im Stil eines »Giardino all'italiana« wurde um 1600 angelegt.

Giardino della Villa medicea di Castello
Knapp 1 km weiter auf der Via Petraia stehen Sie vor dem nächsten Medici-Anwesen. Die **Villa**, die 1477 in den Besitz der Medici gelangte und mehrfach umgebaut wurde, ist selbst nicht

Die Medicivillen | 135

zu besichtigen. Hauptattraktion ist der um 1580 angelegte **Park**, der mit einem Wasserbecken von olympischen Ausmaßen, mit Springbrunnen, Kaskaden, Zypressenalleen, Blumenteppichen in perfekter Symmetrie, der riesigen »limonaia« (Orangerie), dem verborgenen Kräutergarten und der Allegorien-Grotte als Prototyp des Giardino all'Italiano gilt (außerhalb der Saison Voranmeldung empfehlenswert).

Villa medicea di Poggio a Caiano
Das nächste Ziel liegt 17 km entfernt. Fahren Sie zunächst zurück zur Hauptstraße und folgen Sie den grünen Hinweisschildern zur Autobahn A 11, Richtung Pisa. Nehmen Sie die Ausfahrt Prato-Est, fahren dann über die Allee in Richtung Centro und richten sich ab dem Kreisverkehr nach den Hinweisen **Poggio a Caiano**. Dort erhebt sich mitten im Ort hinter sandfarbenen Mauern die weiß getünchte **Villa**. Erworben 1480 von Lorenzo de' Medici und umgebaut von Giuliano da Sangallo, gilt der symmetrische Bau mit schön geschwungener Seitentreppe und weitläufiger Terrasse als Modell für die an antiken Vorbildern orientierte Villenarchitektur der Renaissance. Lorenzo hat ihre Fertigstellung selbst nicht erlebt. Sein Sohn, Papst Leo X., ließ die monumentalen Gemächer u. a. von Andrea del Sarto und Jacopo da Pontormo mit Fresken ausmalen. Im zweiten Stock werden 200 faszinierende **Stillleben** aus der Medici-Sammlung aufbewahrt.

INFORMATIONEN
Villa medicea della Petraia
Castello | Via della Petraia 40 | Tel. 45 26 91 | Nov.–Feb. tgl. 8.15–16.30, März, Okt. tgl. 8.15–17.30, April, Mai, Sept. tgl. 8.15–18.30, Juni–Aug. bis 19.30 Uhr | Führung ab 8.30 Uhr stündlich | Eintritt frei

Villa medicea di Poggio a Caiano
Poggio a Caiano | Piazza dei Medici 14 | Tel. 2 38 87 96 | Eintritt frei

Publikumsmagnet der Uffizien (▶ MERIAN TopTen, S. 111): Botticellis Werk »Primavera«.

FLORENZ ERFASSEN

AUF EINEN BLICK

*Hier erfahren Sie alles, was Sie über die Kunststadt Florenz
wissen müssen – kompakte Informationen über
Land und Leute, von Bevölkerung über Sprache, Lage und
Geografie bis Politik und Wirtschaft.*

BEVÖLKERUNG

Die Stadt hat 377 500 Einwohner, von denen nur noch knapp 70 000 im historischen Zentrum leben, weil die Wohnungspreise sehr hoch sind. Gleichzeitig ist es eine alternde Stadt mit doppelt so viel Senioren wie Kindern, wo die Hälfte der Haushalte aus einer Person besteht. Offiziell sind 60 000 Ausländer gemeldet, doch nur ein Viertel stammt aus EU-Ländern. Die anderen kommen meistens aus Rumänien, Peru, China und Albanien. Wie viele es wirklich sind, kann man nur schätzen.

LAGE UND GEOGRAFIE

Florenz liegt auf 50 m Höhe im Landesinnern, 80 km vom Meer entfernt. Auf drei Seiten ist es, wie bei einem Amphitheater, von Hügeln umgeben, die an den Rändern zu Bergen ansteigen. In seiner Mitte fließt der Arno, der zweitlängste Fluss in Mittelitalien. Er entspringt im Apennin und mündet bei Pisa ins Tyrrhenische Meer. In der Regel ein harmloses Flüsschen, kann er bei Dauerregen im Herbst zu einem gewaltigen Strom anwachsen. Dann besteht akute Hochwassergefahr.

◀ Michelangelos »David« (▶ S. 115) zieht Kunstliebhaber aus aller Welt an.

POLITIK

In der ersten Stadtrepublik mit einer demokratischen Verfassung überhaupt, wurde auch später progressiv gewählt. Und schaffte es ein Konservativer ins Bürgermeisteramt, handelte es sich um einen Reformer wie den Katholiken Giorgio la Pira, der sich in den 1960er-Jahren für den Weltfrieden einsetzte. In der jüngsten Vergangenheit machte Matteo Renzi von sich reden, heute italienischer Ministerpräsident. Sein Nachfolger ist Dario Nardella.

RELIGION

98 % der Bevölkerung sind römisch-katholisch, oftmals jedoch nicht praktizierend. Die restlichen 2 % teilen sich Muslims, Protestanten, Juden und Russisch-Orthodoxe, die alle ihre Gotteshäuser und Kultstätten haben.

SPRACHE

Offiziell wird italienisch gesprochen, tatsächlich toskanisch. Schließlich verfassten der Florentiner Dante und sein Schriftstellerkollege Boccaccio aus dem nahen Certaldo ihre Werke statt auf Latein erstmals im toskanischen Dialekt und begründeten damit die italienische Sprache. In der Aussprache leisten sich die Florentiner jedoch so manche Extraregelung. Zum Beispiel sprechen sie das C vor A, O und U nicht als K sondern als angehauchtes H aus.

VERWALTUNG

Aktuell ist die Stadt in fünf Verwaltungsbezirke eingeteilt, wobei touristisch betrachtet der Quartiere 1, die historische Altstadt zwischen dem alten Mauerring, wichtig ist.

WIRTSCHAFT

Florenz lebt überwiegend vom Fremdenverkehr, der noch zugenommen hat, weil auch Chinesen, Inder, Russen und Osteuropäer die Stadt als Reiseziel entdeckt haben. Mehr als 8 Millionen Übernachtungen wurden 2014 registriert. Die meisten von ihnen sind Amerikaner, gefolgt von Franzosen, Spaniern und Japanern. Erst dann kommen die Deutschen. Auf alle warten rund 40 000 Betten, zahllose Restaurants sowie Einzelhandelsläden mit Mode, Accessoires und lokalem Kunsthandwerk. Trotzdem ist Florenz weiterhin Industriestandort mit Schwerpunkt auf Maschinenbau, Biotechnologie sowie die Bereiche Lederaccessoires und Mode. Noch haben große Namen wie Gucci, Ferragamo, Pucci und Patrizia Pepe hier ihre Zentrale und will auch die wichtigste internationale Männermodemesse Pitti Uomo in der Kunststadt bleiben.

AMTSSPRACHE: Italienisch
BEVÖLKERUNG: 85 % Italiener, 5 % aus EU-Staaten, 10 % aus den restlichen Ländern
EINWOHNER: 377 226
FLÄCHE: 102,32 km^2
BEVÖLKERUNGSDICHTE: 3716 Einwohner/km^2
INTERNET: www.firenzeturismo.it
RELIGION: 98 % Katholiken, den Rest bilden Muslime, Protestanten, Russisch-Orthodoxe, Juden
VERWALTUNG: 5 Verwaltungsbezirke, 12 Vororte

GESCHICHTE

Florenz war gleich in mehrfacher Hinsicht groß. Im Mittelalter als florierende Stadtrepublik mit einer demokratischen Verfassung und nachdem die Medici die Macht an sich reißen. Im Gegenzug macht die Familie sie zur Stadt der schönen Künste.

59 v. Chr. Außenstelle von Rom

Julius Cäsar erlässt ein Gesetz, das römischen Veteranen erlaubt, sich an der Arnofurt niederzulassen. Es entsteht ein **Castrum** nach erprobtem Schema: ein Quadrat mit rasterförmig angelegten Straßen, umgeben von Backsteinmauern. Sie verlaufen im Norden auf der Höhe der heutigen Via Cerretani und im Osten entlang der Via Proconsolo. Im Süden streifen sie den Palazzo Vecchio und sind im Westen identisch mit der Via Tornabuoni. Schon bald dehnt sich die Siedlung nach Osten aus. Sukzessive entstehen das römische Theater, über dem später das Rathaus errichtet wird, und das Amphitheater, dessen Form sich noch immer an den gekrümmten Straßenzügen der Via Torta und Via Peruzzi erkennen lässt. Die Bewohner leben von **Landwirtschaft**, vom **Handwerk** und **Handel**. Wirklich bedeutend ist Florentia nicht.

393 Frühchristlicher Bischofssitz

In der Fastenzeit besucht Kirchenlehrer Ambrosius die Stadt, die seit 80 Jahren **Bischofssitz** ist. Die ersten Christen, syrische Kaufleute, die über die 123 n. Chr. fertiggestellte Via Cassia kamen, mussten hingegen noch um ihr Leben fürchten. Auch im Jahr 250 starb der Armenier Minias auf dem Mons fiorentinus, wo später die nach ihm benannte Kirche stehen wird, den Märtyrertod. Und nun reist der fromme

59 v. Chr. Julius Cäsar schafft die gesetzliche Grundlage für die Gründung der Veteranenkolonie »Florentia«.

123 n. Chr. Kaiser Hadrian lässt die Via Cassia bis nach Florenz verlängern. Dabei erhält die Stadt ihre erste Arnobrücke.

393 Kirchenlehrer Ambrosius weiht San Lorenzo zur Kathedrale.

5.-7. Jh. Ostgoten und Byzantiner wechseln sich in der Vorherrschaft der Toskana ab.

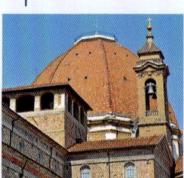

Mann aus Mailand an, um das Kirchlein San Lorenzo vor den nördlichen Stadtmauern zur **Kathedrale** weihen. Doch es bleiben unruhige Zeiten. Nach dem Zerfall des Weströmischen Reiches wird Florenz abwechselnd von Ostgoten und Byzantinern überfallen. Die Situation beruhigt sich erst, als um 570 die Langobarden bis in die Toskana vordringen und ihr **Feudalsystem** aus Grafen und Bischöfen etablieren. Sie machen Lucca zu ihrer Hauptstadt. Kirchen und Klöster werden gegründet, die Bevölkerung wächst. Florenz bleibt weiterhin bedeutungslos, da es abseits der frühmittelalterlichen Verkehrsrouten liegt. Die **Wende** kündigt sich an, als um das Jahr 1000 der vom deutschen Kaiser eingesetzte Markgraf Hugo von Tuszien seine Residenz von Lucca nach Florenz zurückverlegt.

1078 Mathilde von Canossa

Noch haben Grafen, Ritter und Bischöfe das Sagen. Doch allmählich entfaltet sich städtisches Leben. Handel und Handwerk blühen auf, es bildet sich eine wohlhabende **Bürgerschicht**, und immer mehr Menschen drängen in die Stadt. Es wird kräftig gebaut. Vorausschauend lässt Mathilde von Canossa, seit 25 Jahren toskanische Markgräfin, die alten Stadtmauern aus karolingischer Zeit instandsetzen. Das **Bollwerk** soll die Stadt vor den kaiserlichen Truppen schützen. Obwohl Vasallin der Salier, schlägt Mathilde sich im **Investiturstreit** zwischen deutschem Kaiser und römischem Kirchenstaat auf die Seite des Reformers Papst Gregor VII. In der Folgezeit entwickelt sich aus diesem Konflikt zwischen geistlicher und weltlicher Macht eine lang andauernde Auseinandersetzung von Ghibellinen, die nach einem Vereinten Reich unter kaiserlicher Führung streben, weil sie die feudalistische Ordnung aufrechterhalten wollen, und Guelfen, vorwiegend Vertreter der bürgerlichen Oberschicht, die sich zum Papst bekennen, weil sie die Bevormundung und die Zwangsabgaben an geldhungrige Kaiser und Vasallen satt haben. Florenz entscheidet sich für die **Guelfen**, da es sich davon wirtschaftliche Vorteile verspricht.

Um 1000 — Florenz wird Sitz der Markgrafen von Tuszien.

1053 — Mathilde von Canossa wird toskanische Markgräfin von Tuszien und fördert Florenz.

570 — Die Langobarden erobern die Toskana und führen das Feudalsystem ein.

1059 — Baubeginn des Baptisteriums, architektonischer Beleg für das reicher und mächtiger werdende Florenz.

1173 Wachstum durch Eroberung

Florenz wächst unaufhörlich, und nur knapp hundert Jahre später ist eine Ausweitung des von Mathilde errichteten Mauerrings fällig. Erstmalig wird auch die gegenüberliegende Arno-Uferseite, Oltrarno, miteinbezogen. Was die Stadt nun braucht, sind Ländereien. Rund 20 000 Menschen wollen versorgt sein, und so beginnt Florenz einen **Eroberungsfeldzug** gegen Landjunker und umliegende Städte. Ende des 12. Jh. befindet sich das obere Arnotal, einschließlich der reichen Nachbarstadt Fiesole, in Florentiner Besitz.

Auch innerhalb der Stadtmauern gibt es Veränderungen. Die Kaufleute und Handwerker, die großen Anteil am wachsenden Reichtum der Stadt haben, fordern **Mitspracherecht** bei politischen und wirtschaftlichen Entscheidungen und schließen sich zu **Zünften** zusammen. Bereits kurz nach dem Tod von Mathilde von Canossa (1115) unternimmt Florenz einen ersten Schritt, um sich von der Hegemonie des Feudalismus zu befreien. Es wählt ein städtisches Verwaltungsorgan aus zwölf **Konsuln** und stellt ihnen den »Rat der Hundert« und ein **Parlament** aller Bürger als Kontrollorgan zur Seite.

1252 Eigene Währung

Im November setzt sich Florenz, das mittlerweile 50 000 Einwohner zählt und auf eine florierende **Textilindustrie** zählen kann, über ein kaiserliches Privileg hinweg. Es prägt seine eigene **Währung**, den Goldflorin, der schon bald die europäische Leitwährung wird. Kurz zuvor haben die Stadtväter ein ausgeklügeltes System entwickelt, um im Parlament die gegenseitige Kontrolle zu gewährleisten. Treibende Kraft sind, gemeinsam mit der Guelfenpartei, die sieben wichtigsten Zünfte. Die Stadt ist in **Bannerschaften** eingeteilt, denen ein Stadthauptmann vorsteht. Seine Aufgabe ist die **Bewahrung der Volksrechte**, seine Urteile und Beschlüsse werden jedoch vom Stadtvogt, der Podestà, ausgeführt. Gemeinsam bilden sie die Regierung, die Signoria. Nun ist Florenz **Stadtrepublik** und die nominellen Herrscher, die Grafen und der deutsche Kaiser, haben

---

1172 Guelfenpartei und Zünfte schaffen die Grundlage für eine republikanische Volksherrschaft.

1250

1254 Die Stadt druckt ihre eigene Währung, den »Goldflorin«, und wird führende Wirtschaftskraft Europas.

1282 Ein größerer Mauerring ist fällig, der dieses Mal die andere Arnoseite miteinbezieht. Florenz gibt sich eine demokratische Verfassung und ist endgültig Stadtrepublik.

keine Macht mehr. Um die Aristokraten zu demütigen, schreibt man ihnen vor, ihre Turmhäuser, die hier seit dem Mittelalter in den Himmel wachsen, zu kappen. All das wird begleitet von Auseinandersetzungen zwischen kaisertreuen Ghibellinen und papsttreuen Guelfen. Doch da ist der Konflikt Kaiser oder Papst längst ein Kampf **Bürger gegen Adel**, bei dem es nur noch um die Vorherrschaft geht. 1280 kommt es kurzfristig zum **Frieden**.

1282 Demokratische Verfassung

Florenz nutzt die Gunst der Stunde und gibt sich eine **zweite Verfassung**. Auch jetzt regiert der Stadtvogt, der in der Regel kein Florentiner ist und die Legislative vertritt, gemeinsam mit dem Stadthauptmann, der für die Exekutive verantwortlich ist; beide werden von **Räten** kontrolliert. Damit die politische Macht weiterhin in den Händen möglichst vieler Bürger liegt, werden die Ämter weiterhin in regelmäßigen Abständen neu ausgelost. Dieses Mal setzen die mächtig gewordenen Zünfte allerdings durch, dass auch ihre Vorstände, die **Priori**, in die Regierung aufgenommen werden. Parallel dazu entwickelt sich, im Wettstreit mit Lucca, Pisa und Siena, eine grenzenlose **Bautätigkeit**. Finanziert von den Zünften und den reichen Kaufmannsfamilien wird binnen weniger Jahre für den Dom, den Palazzo Vecchio, die Ordenskirchen Santa Maria Novella und Santa Croce der Grundstein gelegt. Auch **Kunst und Kultur** entfalten sich. Dante und Boccaccio schreiben ihre Werke nicht auf Latein, sondern im florentinischen Dialekt und begründen damit die **italienische Sprache**.

1378 Aufstand der Wollweber

Am 17. Juli kommt es zur ersten **Arbeiterrevolte** in der europäischen Geschichte. Die Arbeiter der Tuchindustrie, die Ciompi, sind unzufrieden. Sie fordern ihre eigene Zunft und mehr Einfluss. Gemeinsam mit den anderen niederen Zünften bilden sie die **Stadtregierung**.

Anfang des Jahrhunderts ist Florenz so reich und mächtig, dass es als »fünftes Grundelement« bezeichnet wird. Mit

1284 Erneut wird der Mauerring vergrößert, der bis ins 19. Jh. unverändert bleibt.

1348 Nach Wirtschaftspleiten, Naturkatastrophen und Hungersnöten erreicht die Pest die Stadt, der mehr als die Hälfte der Bevölkerung zum Opfer fällt.

1378 Die Wollweber organisieren den ersten Arbeiteraufstand der europäischen Geschichte.

1325 Giotto kündigt mit seinem Franziskus-Freskenzyklus in Santa Croce die Neuzeit in der Kunst an.

über 100 000 Einwohnern ist es größer als Paris, die Zünfte treiben Handel mit ganz Europa, und die florentinischen Bankiers sind Gläubiger sämtlicher Regenten. Doch dann treiben verlustreiche **Kriege** die Staatsverschuldung in die Höhe, dezimieren Hungersnöte, Naturkatastrophen und die Pest die Bevölkerung. Das führt zur **wirtschaftlichen Depression**, verbunden mit Arbeitslosigkeit und sozialen Unruhen, was die Wollweber sich zunutze machen. Nach nur sechs Wochen wird ihr Aufstand gewaltsam niedergeschlagen und die Zunft der Textilarbeiter aufgelöst. Danach ist Florenz ist erneut in der Hand weniger Familien unter Führung der **Familie Albizzi**. Gegen diese Oligarchie tritt eine junge Familie aus der Wollweber-Zunft an: die **Medici**.

1434 Im Familienbesitz

Der 5. Oktober ist ein folgenschwerer Tag für die Stadtrepublik. Cosimo de' Medici, der als Tuchhändler zu Geld und als Bankier des Papstes zu Macht gelangt ist, kehrt nach Florenz zurück. Seine erbittertsten Gegner um die **Vorherrschaft** in der Signoria, die Albizzi, haben ihn im Jahr zuvor ins Exil geschickt. Doch die Bürger holen ihn zurück. Geschickt nutzt er nun sein riesiges Vermögen, um sein **politisches Netzwerk** zu spinnen. Rücksichtslos setzt er seine persönlichen Interessen durch, weiß jedoch gleichzeitig den schönen Schein von Freiheit und Gleichheit zu wahren. Von kleinen Unterbrechungen abgesehen, bestimmen die Medici über 300 Jahre die Geschicke der Stadt.

1743 Das Ende der Medici

Wie schon sechs Jahr zuvor ihr Bruder stirbt am 5. Februar auch Anna Maria Luisa de' Medici ohne Nachkommen; die Toskana fällt an das **Haus Lothringen**. Vorausschauend hat die kunstsinnige Frau dafür gesorgt, dass der immense Kunstschatz, den die Familie in drei Jahrhunderten zusammengetragen hat, in Florenz bleibt. Denn in dieser Zeit sind die Medici nicht nur skrupellose Kaufleute und Politiker. Sie sind auch großzügige Mäzene von **Kunst und Architektur**. Künstlern wie

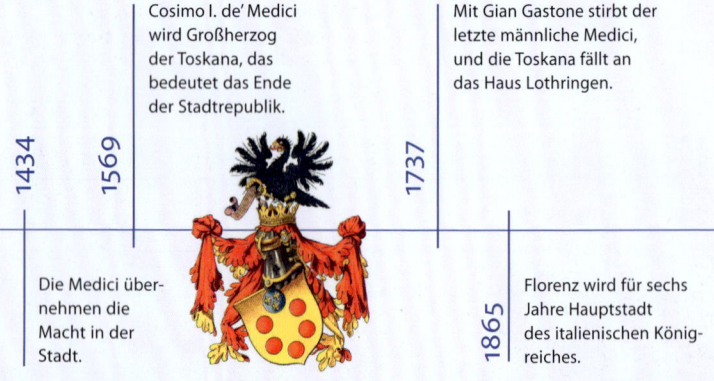

1434 — Die Medici übernehmen die Macht in der Stadt.

1569 — Cosimo I. de' Medici wird Großherzog der Toskana, das bedeutet das Ende der Stadtrepublik.

1737 — Mit Gian Gastone stirbt der letzte männliche Medici, und die Toskana fällt an das Haus Lothringen.

1865 — Florenz wird für sechs Jahre Hauptstadt des italienischen Königreiches.

Botticelli, Leonardo da Vinci und Michelangelo lassen sie vollkommen freie Hand und bereiten dadurch der Neuzeit in der Malerei den Boden. Gleichzeitig sorgen sie dafür, dass Florenz auch unter städtebaulichen Gesichtspunkten Geschichte schreibt. Sie vergeben ihre Bauaufträge für Klöster, Kirchen und Paläste an Erneuerer wie Filippo Brunelleschi und Michelozzo, die mit ihrem Rückgriff auf die klaren Formen der Antike die **Florentiner Renaissance** begründen.

1865 Hauptstadt des Königreichs

Am 3. Februar zieht Vittorio Emanuele II. von Savoyen mit großem Prunk in den Palazzo Pitti ein. Sechs Jahre regiert er von Florenz aus das neu geschaffene **Vereinigte Königreich Italien**. Vor ihm leben fast ein Jahrhundert lang die österreichischen Großherzöge als toskanische Herrscher im Pitti-Palast. Sie sorgen durch Reformen in der Landwirtschaft und Infrastruktur dafür, dass die Toskana zu einem **Musterstaat** wird. Sie schaffen Folter und Todesstrafe ab, heben die Steuerprivilegien für Adel und Klerus auf und verordnen Gleichheit per Gesetz.

Mitte des 19. Jh. erreicht der revolutionäre Sturm, der über Europa fegt, auch Florenz und vertreibt die Lothringer. Per Volksabstimmung schließt sich die Toskana dem **Königreich Piemont** an und, da man sich in Rom nicht mit dem Vatikan einigen kann, wird Florenz vorübergehend **Hauptstadt** des jungen Königreiches.

1982–2014 Aufbruchstimmung

Die UNESCO erklärt Florenz zum **Weltkulturerbe**. Der Tourismus bekommt ordentlich Aufwind, noch mehr Reisende entdecken den unschätzbaren Kulturschatz der Stadt.

2014 ist Florenz ist erneut in aller Munde, Verdienst sicherlich von **Matteo Renzi**, der Anfang des Jahres italienischer Ministerpräsident wird. In den Jahren zuvor hatte er die Stadt als ihr Bürgermeister auf Gegenwart gepolt: Er erklärte das gesamte historische Zentrum zur Fußgängerzone, förderte den Ausbau des öffentlichen Verkehrssystems und investierte in Kultur.

1944 Die deutsche Wehrmacht zerstört bei ihrem Rückzug, mit Ausnahme des Ponte Vecchio, sämtliche Arnobrücken.

1982 Florenz wird Weltkulturerbe der UNESCO.

2014 Matteo Renzi, Bürgermeister von Florenz, wird italienischer Ministerpräsident.

1966 Am 4. November erlebt die Stadt die größte Flut ihrer Geschichte.

KULINARISCHES LEXIKON

A
acquacotta – »gekochtes Wasser« – Gemüsesuppe mit Brot und Ei
animelle – Kalbsbries
anitra/anatra all'arancia – Ente mit Orangen
arista – Schweinskarree
arrosto – am Spieß gegart
– morto – »toter Braten« – im Topf mit Öl und Knoblauch gebraten
asparagi alla fiorentina – grüner gekochter Spargel mit geriebenem Käse in Butter und Spiegelei

B
baccalà – Stockfisch
baccelli – junge Saubohnen
berlingozzi – Karnevalsgebäck
biadina – Cocktail
biroldo – Blutwurst
bischeri – süße Teigröllchen
biscotti di Prato – Mandelkekse
bistecca alla fiorentina – Steak eines jungen Rindes mit Knochen
bollito misto – verschiedene gekochte Fleischsorten
borlotti – Bohnenkerne
braciola – Kotelett
branzino – Seebarsch
brigidini – hauchdünnes Anisgebäck
brutti e buoni – »hässlich-gute« Nussmakronen
bue – Ochse

C
cacciucco – Fischsuppe
caciotta – frischer Schafkäse
cannellini – kleine toskanische Bohnen
cappelletti – gefüllte Teighütchen
capretto – Zicklein
carciofi – Artischocken
carpaccio – rohe Rindfleischscheiben mit Öl, Zitronensaft und Parmesan
cassata – Eistorte
castagnaccio – Kastanienmehlfladen mit Rosmarin
cavallucci – Gebäck mit Nüssen
cavolo – Kohl
cervello – Hirn
chiocciole – Schnecken
cibreo – Hühnerragout (Leber, Nieren, Kämme)
cinghiale – Wildschwein
coniglio – Kaninchen
coda di rospo – Seeteufel
copata – eine Art »torrone« (Nougat) aus Honig, Nüssen, Anis
coratelle – Innereien
crostini – geröstete Brotschnitten (meist mit Hähnchenleberfarce)

F
fagioli all'uccelletto – weiße Bohnen in Tomatensoße mit Salbei
faraona – Perlhuhn
farro – Dinkel
fave – Saubohnen
fegatelli alla toscana – Schweineleber mit Knoblauch und Lorbeerblatt, im Schweinenetz gegart
fegatini – Hühnerleber
fettunta – geröstete Brotscheibe mit Öl
finocchiona – Wurst mit Fenchelsamen
francesina – Siedfleischpfanne
frantoiana – Gemüsesuppe

fritto fiorentino – frittiertes Gemüse (auch Fleisch) nach Florentiner Art
funghi porcini – Steinpilze

G
gambero – Krebs
garmucia – dicke Bohnensuppe
ghirighio – Kastanienkuchen
ginestrata – süße Creme
guancia – Backe

L
lampredotto – Kutteln
laudemio – exzellentes Olivenöl aus dem Anbaugebiet des Rufina
lepre – Hase
lombata – Lende, Filet
lumache – Schnecken

M
maiale ubriaco – mit Chianti übergossenes Schweinekotelett
marzolino – frischer Schafkäse
meringa – Baiser (Torte)
mostarda toscana – Senffrüchte, in Wein und Traubensaft

N
necci – Gebäck aus Kastanienmehl
nepitella – Bergmelisse
nodino di vitello – Kalbskotelett

O
ossi di morto – Gebäck

P
pancetta – gerollter Bauchspeck
pandiramerino – Rosmarinbrot
pane – Brot
panforte – Pfefferkuchentorte
panzanella – Brotsalat
pappa al pomodoro – Tomatensuppe
pesce – Fisch

polpetta – Fleischklößchen
polpo – Oktopus
porchetta – Spanferkel

R
ramerino – Rosmarin
ribollita – Bohnen-Brot-Gemüsesuppe mit Schwarzkohl
ricciarelli – weiches Mandelgebäck
rognoni – Nieren
rosticini – Fleischspieße vom Grill

S
salame di cinghiale – Wildschwein-salami
salsiccia – Wurst
saraceno – Buchweizen
schiacciata alla fiorentina – Karnevalsgebäck mit Safran, Olivenöl und Zucker
schiacciata all'uva – flacher Traubenkuchen (meist aus Hefeteig)
scottiglia – Fleischtopf
soppressata – Schwartenmagen
spezzatino – Gulasch (oft vom Kalb)
stracotto alla fiorentina – gespickter, in Chianti-Wein geschmorter Rinderbraten
stufatino – geschmortes Rindfleisch

T
tartufo – Trüffel
tortelli/tortellacci – Teigtaschen
toscanelli – Bohnenkerne
trippa alla fiorentina – Kutteln nach Florentiner Art (mit Tomaten)

Z
zenzero – Ingwer (aber in der Toskana: Pfefferschoten)
zuccotto toscano – halb gefrorener Biskuit-Creme-Kuchen

SERVICE

Anreise
MIT DEM AUTO
Autobahnen sind in Italien mautpflichtig, und die Strecke Chiasso–Florenz und Brenner–Florenz kostet jeweils rund 35 €. Um Schlangen an den Mautstellen zu vermeiden, gibt es die Möglichkeit, an Autobahnraststellen eine Viacard für 25 oder 50 € zu kaufen, die dann automatisch gelesen wird.

Florenz besitzt drei Ausfahrten: Nord, Impruneta und Sud. Die Altstadt ist für den Privatverkehr gesperrt. Befindet sich Ihre Unterkunft dort, sollten Sie vorher das Autokennzeichen durchgeben. So können Sie kurz reinfahren und auspacken. Anschließend müssen Sie das Auto in einem Parkhaus oder vor der Stadtgrenze abstellen.

MIT DER BAHN
Einzige Direktverbindung von München bzw. Wien sind die City-Night-Line-Züge. Tagsüber kommt man nur mit Umsteigen in Mailand oder Bologna weiter. In der Regel halten die Langstreckenzüge im zentralen Bahnhof Santa Maria Novella, einige wenige stoppen in Firenze Rifredi oder Campo di Marte. Fahrkarten für den Tageszug von Bologna nach München bzw. Wien gibt es nur im Internet oder direkt im Zug, ohne Aufpreis.

MIT DEM FLUGZEUG
Florenz besitzt einen Airport, Amerigo Vespucci, der das ganze Jahr über direkt von Düsseldorf, Frankfurt, München und Zürich angeflogen wird, im Sommer zusätzlich von Genf, Berlin und Hamburg. Lowcost-Airlines ziehen in der Regel den Galileo-Flughafen in Pisa vor. Von dort bringen Sie beinahe stündlich Shuttlebusse zum Hauptbahnhof nach Florenz.

Auskunft
IN DEUTSCHLAND, ÖSTERREICH UND DER SCHWEIZ
Italienische Zentrale für Tourismus ENIT
– Barckhausstr. 10, 60325 Frankfurt/M. | Tel. 0 69/23 74 34 | www.enit-italia.de
– Mariahilferstr. 1b, 1060 Wien | Tel. 01/5 05 16 39 | www.enit.at
– Uraniastr. 32, 8001 Zürich | Tel. 00 41/ 4 34 66 40 40

IN FLORENZ
Infopoint Stazione
Piazza Stazione 5 | Tel. 21 22 45 | werktags 9–19, So 9–14 Uhr

Infopoint Via Cavour
Via Cavour 1r | Tel. 29 08 32 | Mo–Fr 9–18, Sa 9–14 Uhr

Infopoint Bigallo
Piazza S. Giovanni 1 | Tel. 28 84 96 | werktags 9–19, So 9–14 Uhr

---

Buchtipps

Silvestra Bietoletti, Elena Capretti, Marco Chiarini: Florenz. Kunst und Architektur (h.f.ullmann-Verlag, 2009) Profundes Wissen in

einen fesselnden Kunstführer verpackt, ideal zur Reisevorbereitung.
E. M. Forster: Zimmer mit Aussicht (Fischer 2005) Englische Romanvorlage aus dem Jahr 1908 zum gleichnamigen oscargekrönten Film. Die wohlerzogene Protagonistin Lucy macht sich auf eine Bildungsreise und erliegt schon bald dem Charme Italiens.
Magdalen Nabb: Nachtblüten (Diogenes 2004) Im mittlerweile 12. Fall des Florentiner Ermittlers Guarnaccia geht es um einen Kunstraub. Ganz nebenbei gibt die 2007 verstorbene britische Krimiautorin, die seit 1975 in Florenz lebte, Einblicke in den Alltag ihrer Wahlheimat.
Richard Surface: Das Vermächtnis (Acabus-Verlag, 2014) In seinem Kunstthriller verbindet der Autor geschickt Florenz mit London, Pistoia mit Lech am See, Lucca mit München, und das alles nur, weil gierige alte Männer von einer verschollenen Michelangelo-Skulptur besessen sind.

Diplomatische Vertretungen
Deutsches Konsulat
Santa Croce | Corso dei Tintori 2 | Tel. 2 34 35 43

Österreichisches Konsulat
Santa Maria Novella | Lungarno Vespucci 58 | Tel. 2 65 42 22

Schweizer Konsulat
San Gaggio | Hotel Park Palace, Piazzale Galileo 5 | Tel. 22 24 34

Feiertage
1. Januar Primo dell'Anno (Neujahr)
6. Januar Epifania (Dreikönigstag)
Ostermontag Pasquetta
25. April Giornata della Liberazione (Tag der Befreiung von der deutschen Besatzung)
1. Mai Giornata del Lavoro (Tag der Arbeit)
2. Juni Festa della Repubblica (Fest der Republik)
24. Juni Festa di San Giovanni (Patronatsfest zu Ehren des Stadtheiligen Johannes der Täufer)
15. August Ferragosta (Mariä Himmelfahrt)
1. November Ognissanti (Allerheiligen)
8. September Festa dell'Immaculata (Mariä Empfängnis)
25. Dezember Natale (Weihnachten)
26. Dezember Santo Stefano (2. Weihnachtsfeiertag)

Geld
Die Bankschalter sind Mo–Fr von 8.30–13.50 und 14.30–15.30 Uhr geöffnet. Nahezu alle Banken haben einen Geldautomaten. In vielen Restaurants, größeren Hotels und Geschäften sowie bei Tankstellen werden Kreditkarten akzeptiert.

Links und Apps
LINKS
www.firenzeturismo.it
Das offizielle Web-Schaufenster der Kommune. Unter »Vivi Firenze« gibt es wichtige Informationen und Veranstaltungshinweise.
www.ioamofirenze.it
Wie isst man in dem hippen Restaurant in Oltrarno? Welche Bar ist gerade an-

gesagt für den abendlichen Aperitif? In diesem Kultblog der Florentinerin Elena Farinelli findet man darauf immer eine Antwort.
www.firenzespettacolo.it
Die Webseite zum gleichnamigen Florentiner Stadtmagazin hält Sie auf dem Laufenden.

APPS
Florence Travel Guide
Für iPhone, kostenfrei
Florence Map and Walks
Für iPhone und Android, kostenfrei
Osterie d'Italia
Für iPhone, kostenfrei
Uffizi Gallery Visitor Guide
Für iPhone, kostenfrei

Von C&T Crossmedia gibt es zahlreiche Apps mit Videomaterial und interaktiven Karten:
– Galleria Uffizi, für iPhone, kostenfrei
– Museo Palazzo Vecchio, für iPhone und Android, kostenfrei
– Accademia, für iPhone, kostenfrei
– Basilica San Lorenzo, für iPhone, kostenfrei

Medizinische Versorgung

Lassen Sie sich von Ihrer Krankenkasse die Europäische Krankenversicherungskarte EHIC geben. Sie reicht aus, um bei einem Unfall oder einer akuten Erkrankung medizinisch versorgt zu werden. Wer sich zusätzlich absichern möchte, kann eine Reiseversicherung abschließen. Die Notfallambulanz der Krankenhäuser (»pronto soccorso«) hilft in der Regel gut, schnell und unbürokratisch. Belege und Rechnungen können Sie nach Rückkehr Ihrer Krankenkasse zur Abrechnung vorlegen.

KRANKENHAUS
Ospedale di Santa Maria Nuova
F 3
San Giovanni | Piazza Santa Maria Nuova, 50122 Firenze | Tel. 6 93 88 32

APOTHEKE
Comunale di Santa Maria Novella
D 2
Santa Maria Novella | Piazza della Stazione | Tel. 21 67 61

Museen

Die Firenze Card öffnet Ihnen die Türen fast aller Museen, Villen und Parks. Sie kostet 72 €, ist drei Tage gültig und erspart das Anstehen. Zusätzlich können Sie damit die öffentlichen Verkehrsmittel nutzen und haben freien Zugang zum Netz. Man bekommt sie unter www.firenzecard.it, in einigen Museen und bei den Infopoints.
Seit 2014 werden Senioren von den nationalen Museen wie Uffizien, Bargello oder Pitti zur Kasse gebeten. Unberührt blieb der kostenlose Eintritt für Kinder und Jugendliche unter 18 Jahren sowie die ermäßigten Preise für Besucher unter 25 Jahre. Als Ausgleich ist jeden ersten Sonntag im Monat der Besuch aller nationalen Museen gratis.

Nebenkosten

1 Tasse Espresso (im Stehen)	1,00 €
1 Tasse Cappuccino (im Stehen)	1,30 €
1 Glas Bier	5,00 €
1 Glas Cola	2,50 €
1 Taxifahrt (pro Kilometer)	ca. 1,00 €
(Festpreis Flughafen – Zentrum)	20,00 €
1 Liter Benzin	1,50 €
1 »panino«	3,50 €
1 Pizza	7,00 €

Notruf

Euronotruf Tel. 112
(Polizei, Feuerwehr, Rettungsdienst)

Öffnungszeiten

Geschäfte sind Mo–Sa 9–13, 16–20 Uhr, im Winter von 15.30–19.30 Uhr geöffnet. In der Innenstadt haben die Läden meist durchgehend geöffnet, manche sogar am Sonntag. Am Mittwochnachmittag sind die Lebensmittelläden, am Montagmorgen die anderen Geschäfte und im Juli und August alle Läden am Samstagnachmittag geschlossen.

Post

Briefmarken (»francobolli«) erhalten Sie bei Postämtern oder in Tabakgeschäften (»tabaccheria«) mit dem Zusatz »valori bollati«. Eine Karte oder ein Brief kostet 65 bzw. 85 Cent und wird in die roten Briefkästen geworfen. Neuerdings verkaufen Souvenirläden Briefmarken von Privatfirmen. Lassen Sie besser die Finger davon. Sie kosten nämlich mehr und erreichen ihr Ziel nur, wenn man sie in die dazugehörigen gelben Briefkästen wirft. Landen diese Karten bei Poste Italiane, werden sie nicht befördert.

Reisedokumente

Für Deutsche und Österreicher reicht der Personalausweis, Schweizer brauchen den Reisepass und Kinder ihr eigenes Dokument.

Reiseknigge

In Kirchen und Klöstern wird angemessene **Kleidung** erwartet. Denken Sie im Sommer, wegen der Klimaanlagen, an eine leichte Jacke, im Frühjahr und Herbst an Regenschutz, vor allem aber an bequemes Schuhwerk.

Rauchen ist in allen öffentlichen Räumen untersagt, auch in Restaurants, Bars, Diskotheken. Gäste, die gegen die Vorschriften verstoßen, müssen mit Geldstrafen bis zu 250 € rechnen.

Im **Restaurant** wartet man darauf, dass der Kellner einem den Platz zuweist. Auch getrennt bezahlen ist wenig elegant. Hier wird die Rechnung tischweise präsentiert und der Betrag dann aufgeteilt. **Trinkgelder** sind nicht obligatorisch, sondern ein »Dankeschön«, wenn es Ihnen geschmeckt hat.

Warnung an **Schnäppchenjäger**: Lassen Sie die Finger von preisgünstigen Gucci-Taschen oder Ray-Ban-Brillen der schwarzen »Vu Cumprà«. Sie sind

Klima (Mittelwerte)

	Januar	Februar	März	April	Mai	Juni	Juli	August	September	Oktober	November	Dezember
Tagestemperatur	8	10	14	19	23	28	31	30	26	19	13	9
Nachttemperatur	2	3	6	9	13	16	19	19	16	12	7	3
Sonnenstunden	4	4	5	6	7	9	10	9	7	6	4	4
Regentage pro Monat	9	7	8	8	9	6	3	4	6	9	11	9

meist Fakes, außerdem kann der Kauf Sie bis zu 3000 € Strafe kosten.

Reisezeit

Florenz ist das ganze Jahr eine Reise wert. Wettermäßig sind die Monate Juli und August jedoch nicht zu empfehlen. Es ist einfach zu heiß, und es kann passieren, dass Läden und Lokale wegen Urlaub geschlossen sind. Besonders entspannt ist Florenz hingegen im November und Februar. Dann schlendert man schon mal mutterseelenallein durch die Museen.

Sicherheit

Florenz ist nicht unsicherer als andere Reiseziele. Dennoch gilt: Tragen Sie Tasche oder Kamera quer über der Brust, nehmen Sie möglichst wenig Bargeld mit, bewahren Sie Ihre Dokumente getrennt auf. Passen Sie auf, wenn sich Ihnen bettelnde Kinder nähern, mit einer Zeitung in der Hand. Darunter versteckt sich die andere, mit der sie nach dem Geldbeutel fischen.

Stadtführungen

Wenn man nicht viel Zeit hat, lohnt sich eine professionelle Stadtführung. In der Regel kostet ein halber Tag, allein oder als Gruppe, rund 150 €, ein ganzer um 300 € (www.centroguide-toscana.it). Daneben gibt es zahlreiche individuelle Angebote wie von Città Nascosta (www.cittanascosta.it), wo Ihnen junge Frauen aus gutem Haus die Hintertür zu Krypten und Adelspalästen öffnen.

Einen ersten Überblick vermitteln die doppelstöckigen Touristenbusse, die im Sommer stündlich (im Winter halbstündlich) durch Florenz und Fiesole fahren. Man kann an über 20 Haltestellen zu- und aussteigen.

CitySightseing | Tel. 9 04 51 | www.firenze.city-sightseeing.it | Tagesticket 20 € (im Bus erhältlich), Schüler und Studenten 12,50 €

Strom

Die Netzspannung entspricht der EU-Norm. Für die Stecker empfiehlt es sich jedoch, einen Adapter mitzunehmen.

Telefon

D, A, CH ▸ Italien 0039
Italien ▸ D 0049
Italien ▸ A 0043
Italien ▸ CH 0041

Die Ortsvorwahl einschließlich 0 wird immer mitgewählt. Mobilnummern beginnen ohne 0. Telefonkarten (»carta telefonica«) erhält man in Bars, Tabakgeschäften und Postämtern. Sie halten auch Prepaid-Karten für Handybesitzer bereit, die Vieltelefonierern bei ihrer Rückkehr böse Überraschungen ersparen können.

Verkehr

Fast die ganze Altstadt ist während der Woche für den Privatverkehr gesperrt. Die Ampeln an den Eingängen zur »Z.T.L.« stehen von Mo–Fr 7.30–20 und Sa 7.30–16 Uhr auf Rot, im Sommer zusätzlich von Do–Sa 23–3 Uhr. Auch Parken an der Straße außerhalb des Altstadtringes ist den Bewohnern vorbehalten. Kostenpflichtige Parkplätze sind blau gekennzeichnet.

Wenn Sie einen Tagesausflug nach Florenz machen, parken Sie am Stadtrand und fahren dann mit dem Stadtbus rein. Die günstigste Parkgelegenheit befindet sich an der Viale Europa in

der Nähe der Autobahnausfahrt Firenze-Sud. Von dort sind Sie mit dem Bus in 20 Min. im Zentrum (www.firenzeparcheggi.it).
Die Stadtbusse (ATAF, LI-NEA) und die Tram verkehren in der Regel zwischen 5.30 und 24 Uhr. Die Tickets (»biglietti«) sind vergleichsweise günstig. Man bekommt sie in der Bar, im Tabakladen oder am Zeitungskiosk. Sie müssen im Bus abgestempelt werden und sind 90 Min. gültig. Vierer-, Tages- und Drei-Tage-Karten sind günstiger. Der Ticketkauf ist auch beim Fahrer möglich, allerdings mit Aufpreis.
www.ataf.net

Taxi

An allen wichtigen Plätzen gibt es einen Taxistand. Darüber hinaus existiert der Funktaxi-Service, die Telefonnummern sind Tel. 43 90 und 42 42. Die Tarife entsprechen in etwa denen in Deutschland, nachts wird ein Aufpreis berechnet.

Zeitungen und Zeitschriften

Im Monatsblättchen »Firenze Spettacolo« erfahren Sie, was gerade »in« ist. Deutschsprachige, überregionale Zeitungen und Zeitschriften gibt es an vielen Kiosken in der Innenstadt.

Zoll

Reisende aus Deutschland und Österreich dürfen Waren abgabenfrei mit nach Hause nehmen, wenn diese für den privaten Gebrauch bestimmt sind. Bestimmte Richtmengen sollte man nicht überschreiten (800 Zigaretten, 10 kg Kaffee). Weitere Auskünfte unter www.zoll.de und www.bmf.gv.at/zoll.
Reisende aus der Schweiz dürfen Waren im Wert von 300 SFr abgabenfrei mit nach Hause nehmen, wenn diese für den privaten Gebrauch bestimmt sind. Tabakwaren und Alkohol fallen nicht unter diese Wertgrenze und bleiben in bestimmten Mengen abgabenfrei (z. B. 250 Zigaretten, 5 l Wein). Weitere Auskünfte unter www.zoll.ch.

Entfernungen (in Minuten) zwischen wichtigen Sehenswürdigkeiten

	Santa Maria Novella	Palazzo Medici-Riccardi	Palazzo Pitti, Giardino di Boboli	Piazza del Duomo	Piazza della Signoria	Ponte Vecchio	San Lorenzo	San Miniato al Monte	Santa Croce	Spedale degli Innocenti
Santa Maria Novella	–	9	14	8	12	11	7	35	17	14
Palazzo Medici-Riccardi	9	–	17	3	10	11	2	33	13	7
Palazzo Pitti, Giardino di Boboli	14	17	–	13	8	4	16	25	15	21
Piazza del Duomo	8	3	13	–	5	7	4	29	10	6
Piazza della Signoria	12	10	8	5	–	3	9	24	6	14
Ponte Vecchio	11	11	4	7	3	–	10	21	11	16
San Lorenzo	7	2	16	4	9	10	–	34	14	8
San Miniato al Monte	35	33	25	29	24	21	34	–	21	32
Santa Croce	17	13	15	10	6	11	14	21	–	13
Spedale degli Innocenti	14	7	21	6	14	16	8	32	13	–

ORTS- UND SACHREGISTER

Wird ein Begriff mehrfach aufgeführt,
verweist die **fett** gedruckte Zahl auf die Hauptnennung.
Abkürzungen: Hotel [H] · Restaurant [R]

Abbondanza-Säule 128
Alberti, Leon Battista 134
Albizzi, Familie 144
Amblé [R] 18, 88
Angelico, Beato [Fra] 62, 129, 133
Annigoni, Piero 97
Anreise 148
Antico Setificio Fiorentino 50
Aperitif 27, 49
Aperitivi ad Arte 49
Apotheke 150
Apps 150
Aquaflor 18, 79
Archäologisches Museum 9
Arno-Impressionen 50
Auditorium Flog 41
Auf einen Blick 138
Auskunft 148

Badia Fiorentina 71
Bagno a Ripoli 25, 104
Baptisterium San Giovanni 58
Bardini, Stefano 96, 126
Bargello-Museum [MERIAN TopTen] 41, 49, 75, **115**
Barrett Browning, Elizabeth 124
Bars und Enotheken 27
Bartolomeo, Michelozzo di 57, 62, 63, 76, 105, 109, 133, 134, 145
Basilika San Lorenzo [MERIAN TopTen] 7, 57, **58**, 121, 129, 141
Basilika San Miniato al Monte [MERIAN TopTen] 9, **105**, 123, 125
Basilika Santa Trinita 82
Basilika Santissimi Apostoli 82
Basilika Santo Spirito 14, **91**

Bauernküche 26
Bed & Breakfast 22
Bevölkerung 138
Biblioteca Laurenziana 54, 58
Billigläden 37
Bio-Netzwerk 35
Boboli-Garten [Giardino di Boboli] 17, **94**, 108, 116
Böcklin, Arnold 124
Bondone, Giotto di 7, 60, 74, **101**
Borro Tuscan Bistro [R] 28
Botticello, Sandro 9, 68, 84, 111, 145
Boutiquehotels 23
Brancacci, Felice 92
Brancacci-Kapelle 8
Brückenaufbauten 127
Brunelleschi, Filippo 7, 57, 58, 60, 61, 66, 74, 82, 83, 84, 91, 94, 123, 145
Brunelleschis Domkuppel [MERIAN TopTen] 57, **60**, 123
Buonarroti, Michelangelo 7, 17, 55, 57, 82, **102**, 111, 112, 115, 124, 145
Buchtipps 148
Buontalenti, Bernardo 82, 94, 112, 128, 134

Cacio Vino trallallà [R] 87
Cäsar, Julius 140
Caffè Florian [R] 88
Caffè Letterario Le Murate [R] 14
Caffetteria delle Oblate [R] 12, 64
Calcio Storico Fiorentino 44, **46**, 128
Cambio, Arnolfo di 17, 60, 71, 73, 75, 76, 85, 96, 115

Canossa, Mathilde von 100, 141, 142
Cappella Brancacci in der Basilika Santa Maria del Carmine 92
Capucci, Roberto 97, **113**
Carapina 109
Careggi 134
Casa Buonarroti 111
Casa del Vino [R] 64
Castello Trebbio 17, 108
Certosa San Lorenzo di Galluzzo 106
Chalet Fontana [R] 29
Cimabue [Cenni di Pepo] 67, 74, 82
Cimitero Monumentale delle Porte Sante 15, 106
Cioccolateria Vestri 31
Circolo Aurora [R] 15
Cité, La 99
Civaie Menchini 34
Clet, Abraham 88, 126
Colle, Marcello del 66
Coquinarius [R] 64
Corridoio Vasariano 72, 94
Cucina del Ghianda, La [R] 17, 77
Cucina Torcicoda [R] 28
CuCo – Cucina Contemporanea [R] 28
Cuculia [R] 28

Dante, Alighieri 7, 74, **101**, 124, 139, 143
Das Umland erkunden 130
Datini, Francesco 61
David [Michelangelo] 57, 77, **111**, 124
De Gustibus Network 35
Delikatessengeschäfte 37, 38
Dessert 27

Erlesene Ziele

Auf den Spuren berühmter Persönlichkeiten

MERIAN
Die Lust am Reisen

Diplomatische Vertretungen 149
Dom Santa Maria del Fiore 59
Donatello 7, 17, 58, 60, 67, 73, 74, 82, 115

Easy Living am Arnostrand 15, 126
Eco Florence Tour 34
Ehemaliges Ghetto 128
Einheimische empfehlen 54
Einkaufen 36
Elisabeth, Zarin von Russland 120
Enoteca Sant'Ambrogio Caffè 31
Essen und Trinken 26
Esskultur **26**, 57, 129

Fate e le Stelle, Le [R] 64
Feiertage 149
Ferienwohnung 22
Ferragamo, Salvatore 68
Feste feiern 44
Festival-Kultur 45
Fiesole 104, 123, **133**
Fiesole, Mino da 71, 72, 132
Filmbranche 41, 43, 47
Fiorentino, Rosso 8, 62
Flo-Concept Store 38
Florence by Bike 35
Florentiner Mosaik 118
Florentiner Persönlichkeiten 100
Florentiner Renaissance 145
Florentinischer Stil 22
Florentinisches Kunsthandwerk 66
Florenz in Sommerlaune 14, 97
Focacceria Pugi 37
Folon, Jean-Michel 14
Forte Belvedere 126
Forte di Belvedere 93
Fortezza da Basso 106
Fortezza di San Giovanni Battista 106
France, Anatole 9
Fremdenverkehrssteuer 23
Frühstück 27
Fuor d'Acqua [R] 29

Galerie der Uffizien [MERIAN TopTen] 9, 55, 72, 82, 103, **111**, 119. 150
Galilei, Galileo 74, **103**, 113, 116
Galleria d'Arte Moderna [Palazzo Pitti] 116
Galleria del Costume [Palazzo Pitti] 116
Galleria dell'Accademia 111
Galleria Palatina und Appartamenti Monumentali [Palazzo Pitti] 116
Gatto Bianco, Il 39
Geld 149
Genussvolle Studienreise 50
Geschichte 140
Ghiberti, Lorenzo 17, 58, 60, 67, 115
Giambologna 74, 115
Giardino del Borgo und Orti dipinti 13, 78
Giardino dell'Orticultura 47, **106**
Giardino delle Rose 14, 94, 124
Giardino delle Rose, Al [H] 23
Giardino di Boboli [Boboli-Garten] 17, **94**, 108
Giubbe Rosse 129
Glockenturm des Giotto 60
Gregor VII., Papst 100, 105, 124, 141
Grüner reisen 32
Gualbertus, Johannes 107
Gucci, Guccio 68
Guerilla-Restaurants 49

Handwerkskunst 7, **37**, 67, 68, 70, 72, 90, 120, 128, 140
Heinrich IV., Kaiser 100
Heinrich VII., Kaiser 107
Hildebrand, Bischof 105, 124
Hinterhof Basilika Santa Croce 13, 74
Historische Residenzen 23
Hotel Relais La Corte di Cloris [H] 23
Hotel Torre Guelfa 24, 29
Hotelkategorien 23

Innenstadtbummel [struscio] 14, 92
Istituto degli Innocenti 54, **61**
Italienische Labels 36

Justizpalast 105

Karl VIII., König 86
Kathedrale San Romolo [Fiesole] 132
Kaufhäuser 36
Kirche Ognissanti 84
Kirche Orsanmichele 71, **72**
Kirche San Michele Visdomini 61
Kirche Santa Croce 7
Kirche Santa Felicità 72, **94**
Kirche und Kloster Santa Croce [MERIAN TopTen] 55, 70, **73**, 143
Kirche und Kloster Santa Maria Novella [MERIAN TopTen] 80, **81**, 143
Kirche und Kreuzgang Santa Maria Maddalena dei Pazzi 13, 77
Kleinkunst 41
Kloster San Marco [MERIAN TopTen] 45, 57, **62**, 101, 129
Kloster San Salvi 55, **107**
Kloster Sant'Apollonia 45, **62**
Klosterkirche Santissima Annunziata 63
Kommunale Wasserstellen 33
Konvent San Francesco [Fiesole] 132
Konzerte 40, 41
Krankenhaus 150
Kulinarisches Lexikon 146
Kultur und Unterhaltung 40
Kunst und Kultur 143
Kunsthandwerk 9, 37, 38, 46, 66, 67, 118, 139
Kunst-Kurse in der Kulturstadt 51

Lage und Geografie 138
Leo X., Papst 135
Libreria Brac [R] 34
Links 149
Lippi, Filippo 58, 68, 71, 111

Loggia dei Lanzi 14, **74**
Loggia del Pesce 74
Loggia San Paolo 84
Lokale Stadtfeste 44
Loretta Caponi 37
Lothringen, Franz II. von 103, 110
Lungarno Serristori 125

Machiavelli, Niccolò 74, **102**
Maestri di Fabbrica 38
Maggio Musicale Fiorentino 19, 40
Mahlzeiten 27
Mantegazza, Paolo 112
Marien-Triptychon [Fiesole] 132
Marini, Marino 114
Masaccio [Tommaso di Ser Cassai] 8, 81, 82, 92, 111
Mauerring 7, 90, 96, 104, 107, **123**, 139, 142, 143
Medici 56, 58, 62, 63, 67, 72, 74, 81, 86, 90, 93, 94, 96, 101, 102, 103, 108, 109, 110, 112, 113, 115, 116, 117, 119, 121, 134, **144**
Medici, Alessandro I. de' 74, 106
Medici, Anna Maria Luisa de' **103**, 110, 144
Medici, Cosimo I. de' 6, 62, 63, 72, 76, 94, 111, 128, 134, 144
Medici, Ferdinando I. 119, 121
Medici, Francesco I. de' 58
Medici, Gian Gastone 103, 110
Medici, Giovanni Bicci 58, 109
Medici, Lorenzo de' 63, 135
Medici-Villen und Gärten 17, 108, 133, **134**, 135
Medizinische Versorgung 150
Mein Florenz 6
Mercato Centrale Firenze MCF 18, 30, 37, 57, 64, 129
Mercato Nuovo **85**, 126
Mercato Sant'Ambrogio 78
Michelangelo Buonarroti 7, 17, 55, 57, 82, **102**, 111, 112, 115, 124, 145
Mit allen Sinnen 48
Mittagessen 27

Mode 36, 79
Monte Ceceri 132
Monte Morello 123
Murate, Le 19, 79
Museen und Galerien 150
Museo Archeologico Nazionale 112
Museo Bandini [Fiesole] 133
Museo Casa Rodolfo Siviero 113
Museo degli Argenti [Palazzo Pitti] 117
Museo del Palazzo Vecchio 115
Museo dell'Opera di Santa Maria del Fiore [Dommuseum] 17, 115
Museo della Fondazione Roberto Capucci 113
Museo delle Cappelle Medicee 112
Museo delle Porcellane [Palazzo Pitti] 117
Museo di Antropologia e Etnologia 112
Museo di Casa Martelli 112
Museo di Zoologica »La Specola« 116
Museo Galilei 113
Museo Gucci 114
Museo Marino Marini 114
Museo Nazionale del Bargello [MERIAN TopTen] 41, 49, 75, **115**
Museo Novecento 17, 55, 115
Museo Salvatore Ferragamo 115
Museo Stefano Bardini **116**, 126
Museo Stibbert 116
Museum der Klosterkirche San Domenico [Fiesole] 133
Museum des 20. Jh. 8, 55, **115**

Nachhaltigkeit 32
Nebenkosten 150
Negroni Florence Bar [R] 98
Netzspannung 152
Neu entdeckt 16
Notruf 151
Nuovo Teatro dell'Opera di Firenze 8, **19**, 40, 105, 109

Öffnungszeiten 151
Öko-Kriterien 32
Oltrarno 55, 68, 123, 142
Opernhaus 8, **19**, 40, 105, 109
Opificio delle Pietre Dure 118
Ora d'aria [R] 28
Oratorio dei Buonomini di San Martino 12, 72
Orto Botanico/Giardino dei Semplici 63
Ostello Tasso 19, 99
Osteria dei Pazzi [R] 77
Osteria mit Hausmannskost 26

Palagiaccio, Il 109
Palagio della Parte Guelfa 128
Palazzo Bargello 41, 70, **75**, 90, 150
Palazzo Davanzati 85
Palazzo Guadagni 24
Palazzo Medici Riccardi 63
Palazzo Pitti [MERIAN TopTen] 45, 55, 68, 72, **94**, 103, 116, 145
Palazzo Rucellai 85
Palazzo Spini Feroni 85
Palazzo Strozzi 86
Palazzo Vecchio [MERIAN TopTen] 68, 71, 72, 75, **76**, 143
Panificio Pugi 129
Parco delle Cascine 105, **108**
Pasticceria Nencioni 31
Pazzi-Kapelle 8, 13, 74, **102**
Petraia, La 17, 108, **134**
Piazza Beccaria 123
Piazza della Signoria [MERIAN TopTen] 55, **76**
Piazza Donatello 124
Piazza Libertà 123, 124
Piazza Mino von Fiesole 132
Piazza Poggi 125, 126
Piazza Repubblica 8, 74, 81, **86**, 128
Piazza Santissima Annunziata 14, 92
Piazza Torquato Tasso 15, 97
Piazzale Michelangelo 14, 46, **123**

Pisano, Andrea 58, 60
Pitti, Luca 94
Pizzeria San Domenico [R, Fiesole] 132
Poggi, Giuseppe 123, 124, 125, 127
Poggio, Il Vecchio [R, Poggio a Caiano] 134
Politik 139
Pollaiuolo, Antonio del 68
Ponte alle Grazie **95**, 105, 127
Ponte Vecchio 70, **96**
Pontormo, Jacopo da 8, 62, 94, 106, 135
Porta Romana 123
Porta San Miniato 9, 96, 126
Porzellanmanufaktur 38
Post 151
Pratolini, Vasco 55, 70
Privatzimmer 22
Pucci, Emilio 68

Quartiere San Giovanni 56
Quartiere Santa Croce 70
Quartiere Santa Maria Novella 80
Quartiere Santo Spirito 90

Rauchen 151
Rebsorten 27
Reisedokumente 151
Reiseknigge 151
Reisezeit 152
Religion 139
Renzi, Matteo 8, 139, **145**
Restaurants 26
Restauration 122
Ricasoli, Bettino Baron 122
Ricchi, Giuliano 69
Richard Ginori 38
Riva Lofts Florenz 24
Rivoire 31
Robbia, Andrea della 61, 85
Room Mate-Hotels 24
Rossellini, Bernardo 72

Sabatino [R] 98
Sala del Rosso 41
San Domenico [Fiesole] 133
San Niccolò [Stadttor] 125
Sangallo, Guiliano da 13, 92, 135

Sant'Apollonia 45, **62**
Santa Croce, Kirche und Kloster [MERIAN TopTen] 70, 72
Santa Maria Novella, Basilika [MERIAN TopTen] 80, **81**
Santo Bevitore, Il [R] 97
Santo Graal, Il [R] 97
Sarto, Andrea del 62, 107, 135
Savonarola, Girolamo 63, 76, 101
Schmeckt lecker 49
Schopenhauer, Arthur 6
Schuhe und Lederwaren 38
Scuola del Cuoio 13, **39**
Service 148
Sicherheit 152
Silvester 47
Siviero, Rodolfo 113
Somerset, Duke von 120
Spaziergang 122
Sprache 139
St. Regis Florence [H] 25
Stadtführungen 152
Stadtmauer 15, 57, 73, 80, **96**, 123, 125
Stazione Leopolda 19, 89
Steinintarsien 118
Stibbert, Frederik 116
Strom 152
Strozzi, Filippo 86
Synagoge 77

Taddei, Simone 71, **78**
Talenti, Francesco 60
Taxi 153
Teatro del Sale 79
Teatro della Limonaia 42
Teatro della Pergola 42
Teatro Puccini 42
Teatro Verdi 43
Telefon 152
Tempietto del San Sepolcro 86
Tepidarium 107
Theater 42
Toledo, Eleonora di 94
Trattoria da Mario [R] 30
Trattoria da Ruggero [R] 109
Trattoria La Casalinga [R] 29
Trattoria Sostanza [R] 88
Trinkgeld 151
Trippai di Firenze 30

Tuk Tuk-Tour mit der Blech-Biene 51
Tuszien, Hugo von [Markgraf] 71, 141

Übernachten 22
Uccello, Paolo 60, 82
Uffizien, Galerie [MERIAN TopTen] 9, **111**
Umweltfreundlichkeit 32
UNESCO-Weltkulturerbe 17, 108, 134, **145**
Unterkünfte 22

Vallombrosa 123
Vasari, Giorgio 60, 62, **72**, 74, 76, 82, 94, 111, 128
Verkehr 152
Verwaltung 139
Vetrina Toscana 34
Via dei Girolami 127
Via dei Renai 126
Via Vecchia Fiesolina [Fiesole] 133
Villa Agape 25
Villa Bardini 96, 126
Villa Baroncelli 105
Villa Broggi Caraceni 105
Villa medicea della Petraia [Castello] 108, 134, **135**
Villa medicea di Careggi 109
Villa medicea di Poggio a Caiano 134, **135**
Villa Sestini 25
Villa Stibbert 105, **116**
Villoresi, Dimitri 69, **98**
Vinci, Leonardo da 8, 9, 51, 76, 84, 92, **102**, 111, 132, 145
Vintage-Mode 18, 19, 33, 79, 89
Vittorio Emanuelle II. von Savoyen 145
Volpi e l'Uva, Le [R] 98
Vorspeisen 27

Wein 27, 37, 47
Wirtschaft 139
Wochenmärkte 37
Wollweber 67, 90, **143**

Zeitschriften 153
Zeitungen 153
Zoll 153

Impressum

Liebe Leserinnen und Leser,

vielen Dank, dass Sie sich für einen Titel aus unserer Reihe MERIAN *momente* entschieden haben. Wir wünschen Ihnen eine gute Reise. Wenn Sie uns nun von Ihren Lieblingstipps, besonderen Momenten und Entdeckungen berichten möchten, freuen wir uns. Oder haben Sie Wünsche, Anregungen und Korrekturen? Zögern Sie nicht, uns zu schreiben!

Alle Angaben in diesem Reiseführer sind gewissenhaft geprüft. Preise, Öffnungszeiten usw. können sich aber schnell ändern. Für eventuelle Fehler übernimmt der Verlag keine Haftung.

© 2016 TRAVEL HOUSE MEDIA
GmbH, München
MERIAN ist eine eingetragene Marke der
GANSKE VERLAGSGRUPPE.

TRAVEL HOUSE MEDIA
Postfach 86 03 66
81630 München
merian-momente@travel-house-media.de
www.merian.de

Alle Rechte vorbehalten. Nachdruck, auch auszugsweise, sowie die Verbreitung durch Film, Funk, Fernsehen und Internet, durch fotomechanische Wiedergabe, Tonträger und Datenverarbeitungssysteme jeglicher Art nur mit schriftlicher Genehmigung des Verlages.

BEI INTERESSE AN MASSGESCHNEIDERTEN MERIAN-PRODUKTEN:
Tel. 0 89/4 50 00 99 12
veronica.reisenegger@travel-house-media.de

BEI INTERESSE AN ANZEIGEN:
KV Kommunalverlag GmbH & Co KG
Tel. 0 89/9 28 09 60
info@kommunal-verlag.de

1. Auflage

VERLAGSLEITUNG
Michaela Lienemann
REDAKTION
Anne Köhler
LEKTORAT
Rosemarie Elsner
BILDREDAKTION
Dr. Nafsika Mylona
SCHLUSSREDAKTION
Christiane Gsänger
HERSTELLUNG
Bettina Häfele, Katrin Uplegger
SATZ/TECHNISCHE PRODUKTION
h3a GmbH, München
REIHENGESTALTUNG
Independent Medien Design, Horst Moser, München (Innenteil), La Voilà, Marion Blomeyer & Alexandra Rusitschka, München und Leipzig (Coverkonzept)
KARTEN
Gecko-Publishing GmbH für MERIAN-Kartographie
DRUCK UND BINDUNG
Printer Trento, Italien

Ein Unternehmen der
GANSKE VERLAGSGRUPPE

PEFC/18-31-506

BILDNACHWEIS
Titelbild (David von Michelangelo in der Galleria dell'Accademia): Mauritius Images: alamy
akg-images: Rabatti – Domingie 107 | AnzenbergerAgency 90, 122 | AquaFlor 19 | AWL Images: Hemis 75, K. Scicluna /John Warburton-Lee Photography Ltd 30 | Bildagentur Huber: P. Canali 61, M. Carassale 39, G. Cozzi 12, Gräfenhain 130/131, G. Greco 50, J. Huber 11 u, 95 | Bildagentur-online: Tips-Images 44 | bpk: Bildagentur für Kunst, Kultur und Geschichte 160 o | Café Amblé 18 | T. Ciliberti/A. Nieddu 48 | Corbis: A. Pierdomenico/Reuters 113 | I. Costanzo 16 | dpa Picture-Alliance: G. Moggi/M. Fiorenti 40 | F1online 15 | fotolia.com: M. Kistryn 26, 29, scaliger 2 | gemeinfrei 100 l, 100 m, 100 r, 100 r, 141, 143, 144 | Getty Images: M. Child/Collection: Photographer's Choice 138 | Glow Images 10, 54 u, 136/137 | imago: Leemage 62 | Isabella Room Mate 22 | G. Knoll: 11 m, 131, 17, 104, 114 | laif: S. Bungert 36, 51, 66, R. Celentano 127, M. Galli 49, A. Imbriaco 43, G. Lotti 145 l | Libreria Brac 35 | lookfoto: age footstock 6, 52/53, 70, F. Frei 20/21 | S. Mattioli 99 | Mauritius Images: age 11 o, 80, 84, alamy 65, 118, 160 u, Radius Images 56, United Archives 13 r | Mio Concept Store 87 | Museo Ferragamo 110 | Presidenza della Repubblica 145 r | privat 54 o, 55 | Riva Lofts Florenz 25 | G. Salizzoni 14 | Schapowalow: S. Cellai/SIME 47 | Shutterstock: fashcool 140 r, foto76 32, Route66 142, N. Vinokurov 4/5 | M. Tortato 89 | vario images: RHPL 108, S. Spiegl 117

FLORENZ GESTERN & HEUTE

Heute wie damals (die Aufnahme oben stammt aus dem Jahr 1890) sitzen Einheimische und Besucher gern auf den Stufen der im 14. Jh. errichteten Säulenhalle **Loggia dei Lanzi** (▶ S. 74) auf der berühmten Piazza della Signoria. Der repräsentative Bau, der von den Vertretern der Ratsversammlung Signoria als Empfangshalle benutzt wurde, beherbergt eine Reihe beeindruckender Statuen: darunter an exponierter Stelle der Heros Perseus, der triumphierend das Haupt der Medusa hochhält.